입사하자마자 B2B 마케터가 됐습니다

남정현 지음

사수 없는 초보 마케터를 위한
B2B 마케팅 실전 매뉴얼

이론, 실전, 노하우, 사례, 최신 트렌드까지
B2B 마케팅의 모든 것을 한 권의 책으로

plan b DESIGN

목차

여전히 B2B 마케팅에
열정 만땅인 누군가에게

· · · · ·

대학에서 광고를 전공한 나는 졸업 후 누구나 예상했듯 광고회사의 문을 두드렸다. 배운 게 도둑질인지라 졸업 후에 불러주는 곳 역시 광고회사밖에 없던 탓이다. 물론 광고를 무척이나 좋아했고 광고회사에 대한 환상도 있었다. 누구나 생각하는 이미지의 회사, '뻣뻣한 양복에 기계처럼 근무하는' 틀에 박힌 조직 생활이 싫었던 탓이다. 광고회사는 젊고, 크리에이티브하고, 유연하다는 인식이 있었고, 게다가 덤으로 연예인도 만나니 이보다 더 좋을 순 없었다.

물론 이 환상이 깨진 건 순식간이었지만 광고회사에 다닌 덕에 내 이름 석 자가 달린 광고도 만들어보고, TV 속 연예인도 실컷 만나고, 유수의 광고제에서 상도 타는 행운도 얻었다. 이게 다 밤샘과 주말 근무의 보상이었다.

그러던 어느 날, 평생 함께 할 것 같던 존경하는 사수가 다른 업종으로 이직하며 의미심장한 말을 남겼다.

"세상에는 광고 말고도 할 일이 너무나 많다."

모 회장님의 자서전 제목을 흉내 냈지만 나 역시 그의 말처럼 광고 이외의 것에 눈을 돌려 변화를 모색할 시절이었다. 4년 차 대리, 회사 입장에서는 어느 곳에서나 잘 팔리는 직급이자 '싸게 사서 잘 써먹을 수 있는' 그런 연차다. 역시나 기회가 빨리 닿아 당시 잘 나가던 휴대폰 사업을 하는 회사의 마케터로 자리를 옮겼고, 사업의 고공 성장과 함께 광고 외에도 인스토어 커뮤니케이션, 이벤트, 디지털 마케팅, 쇼룸 등 다양한 마케팅 활동을 원 없이 경험하고 시행착오도 많이 겪었다. 지금 와서 생각해 보면 회삿돈으로 큰 배움을 얻은 셈이다.

그렇게 3년동안 휴대폰 마케팅을 담당했고, 마케터로서 다양한 업무를 경험해 보고 싶은 욕심에 가정용 에어컨의 시장조사 및 PR 담당자로 자리를 옮겼다.

리서치, 홍보전략 수립, 보도자료 제작, 바이럴 캠페인,

기자 간담회 등 처음 해보는 업무라 역시나 많은 시행착오
가 있었지만, 휴대폰을 판매할 때와는 달리 내 실력으로 적
잖은 성과를 내며 어떤 일이든 자신감이 솟던 시절이었다.

마케팅계의 블루칩, B2B라는 넓고 넓은 바다에서 유영하다

그렇게 10년 차 과장이 됐고, 또 다른 일에 대한 흥미
와 갈증을 삼키던 길목에 포착된 게 B2B였다. 당시 회사는
'B2C만으로는 지속적으로 회사를 키울 수 없다'라는 전략 아
래 B2B 사업을 키우고자 했고, 다시 나는 'B2B 마케팅'이라
는 다소 생소한 업무에 도전해 보고 싶은 의욕이 불타기 시
작했다.

뜻이 있으면 길이 열리듯 그렇게 나는 다시 1년 차 B2B
마케터가 됐고 B2B가 처음인 회사와 함께 혹독한 수업료를
치르며 국내외 전시, 선행영업 마케팅 Materials 제작, 세미
나, 파트너 프로그램, 콘텐츠 마케팅, SEO, 마케팅 자동화
까지 약 6년이라는 시간 동안 개인적으로 또는 조직적으로
한층 더 발전할 수 있는 토대를 만들었다.

B2C부터 시작해 B2B 마케팅까지 모두 경험해 보면서
둘 사이에 가장 큰 차이가 무엇인지 묻는다면, B2B는 고

객이 누구인지 구체적으로 식별되기 때문에 'ABM Account based marketing(고객기반 마케팅)을 통한 철저한 ROI 분석 Return on investment(투자 대비 수익률)이 가능하다'라고 말하고 싶다.

ABM은 쉽게 말해서 '대상 고객사 또는 고객사 내 담당자, 의사 결정권자 등에게 영업과 마케팅에 필요한 자원을 집중해서 '파고 또 파는' 마케팅 접근 방식'이다. 이렇게 고객이 구체적으로 겨냥되기 때문에 마케팅은 철저한 ROI 분석이 가능하고, B2C 대비 좀 더 효율적이면서 과학적인 마케팅을 펼칠 수 있다. B2C 마케팅을 오랫동안 해오면서 항상 압박을 받았던 부분이 마케팅 투자에 대한 결과였는데 그럴 때마다 조금은 모호한 브랜드 지표, 시청률, 매출과의 상관성 등을 내밀었지만 결국 매출이 안 일어나면 투자에 대한 책임 또한 피할 수가 없었다.

물론 요즘은 B2C도 기술의 발달로 인한 디지털 마케팅이 대세를 이루면서 몇몇 분야(인터넷 쇼핑몰 등)에서는 ROI에 대한 구체적인 측정이 가능하지만, B2B는 온·오프라인 상의 모든 Journey, 즉 A라는 고객과의 계약을 위해 투입된 Lead 생성, 육성, 전환(광고, 이메일, 전시회, 세미나 등)의 마케팅과 영업활동(미팅, 식사 등)을 위한 비용, 계약 후 추가 구매 혹은 유지보수 서비스를 위해 투자하는 리워드성 고객관리(트립, 포인트 등)에 들어가는 비용까지 측정을 하고 분석할 수 있다. 또한 반복되는 패턴을 통해서 운영 효율 Operational Efficiency을 추구할 수 있기 때문에 B2C에 비해 효율적인 비용으로 운영할 수 있다.

이렇게 데이터 기반으로 모든 분석이 가능하다 보니, 예측할 수 있는 범위에서 제대로 본인의 성과를 입증해 보고 싶은 마케터라면 B2B 쪽을 꼭 경험해 보라고 권하고 싶다. 또 향후 경쟁력 측면에서도 B2B 마케팅 전문가가 더 각광을 받고 희소성이 높아질 것이다.

1980년대 10대와 20대들에게 선풍적인 인기를 끌었던 워크맨과 TV로 20세기 중후반까지 전 세계를 휩쓸던 일본 전자 산업의 상징 소니sony는 업계의 왕좌를 한국 기업들에 내준 뒤 스마트폰과 카메라에 들어가는 '이미지센서'로 큰 수익을 올리고 있다. 또한 소니와 함께 일본을 대표하던 파나소닉PANASONIC은 태양광 에너지 같은 B2B에서 미래를 찾고 재도약 중이다. B2C를 위주로 사업을 하던 대한민국의 LG 나 삼성, 현대도 이미 오래전부터 네트워크, 로봇, 배터리, 사이니지, 의료기기 등에 집중투자하며 B2B에서 미래 먹거리를 찾고 있다. 결국 B2B 인력에 대한 수요는 계속 높아질 것이고, 더욱 희망적인 것은 아직까지 대한민국에서 B2B 전문 마케터의 수는 B2C에 비해 한참이나 부족하다는 것이다. 한마디로 B2B는 '마케팅계의 블루오션'이다.

"모험을 하고 타개를 경험하지 않으면 정확한 계산이란 만들어질 수 없는 거야."

정글 같은 회사생활을 적나라하게 파헤친 웹툰 〈미생〉에 나오는 대사다. 이 대사처럼 실제 현장에서 부딪히며 많은 시행착오를 통한 깨달음, 소위 밑바닥부터 깨지면서 배우고 한 단계씩 차곡차곡 내공을 쌓다 보니 이제야 어느 정도 계산이 만들어지고 어디 가서 "저는 B2B 마케터입니다"라고 얘기할 수 있을 것 같다.

배움에 지름길은 없다. 가장 좋은 방법은 모험을 하고 타개를 경험하며 한 단계씩 차곡차곡 밟아가는 것이다. 하지만 왜 배워야 하는지, 왜 이 일을 해야 하는지, 어떻게 하면 현명한지를 알고 나면 그 속도는 확연히 다르게 나타난다.

책을 쓰기 전 내가 한창 B2B 마케팅의 진흙탕에서 발을 헛딛고 진흙더미에 구르고 망연자실 앉아있을 때 '이런 시련들을 헤쳐나갈 지혜가 담긴 이야기를 누군가 해줬으면 참 좋을 텐데' 하는 생각을 한 적이 있었다. 그리고 어느 정도 정신을 차리고 진흙탕을 빠져나와 단단한 아스팔트 위를 걷고 있을 때 '처음 B2B 마케팅을 하는 친구들에게 내가 겪었던 내용을 전달해주면 참 좋겠다'라는 생각에서 글을 쓰기 시작했다. 그렇게 어언 1년, 마음을 가다듬고 생각을 추려 한 장 한 장 쓴 글이 어느새 한 권의 책이 되었다.

'마케팅의 아버지'라 불리는 필립 코틀러나 10년 넘게 『트렌드 코리아』라는 책으로 국내의 트렌드를 냉철하게 분석한 김난도 교수의 책처럼 대단한 통찰이나 지혜를 담지는 못했다. 하지만 실제 전장에서 B2B 마케팅이 어떻게 쓰이는지 궁금한, 조금은 서툴지만 그래도 열정 만땅으로 막 B2B에 관심을 보이는 마케터들에게 이 책이 계속 달려갈 수 있는 작은 동력이 되었으면 좋겠다.

22년 12월 18일 오후 11시 33분

남정현

추천사

B2B 마케팅 초보자를 위한 핀셋 조언집

어느 날 갑자기 완전히 새로운 업무가 주어진다면? 멘토가 간절하다. 검색창을 두들기고 주변에 조언을 구해 보아도 용어의 정의부터 최신 사례까지 일목요연한 정리가 필요한 순간이 온다. 'B2B 마케팅'이라는 미션을 갑자기 받아든 직장인이라면 이 책을 매뉴얼처럼 책상 한 켠에 꽂아두길 추천한다. 현장에서 오랜 기간 B2B 마케팅 실무를 담당한 저자가 현장에서 체득한 정보와 이론을 담았다. 뻔한 마케팅 이론이 아닌, 다양한 기업의 성공, 실패 사례로 배우는 현장의 정보가 가득하다. 무엇보다 실무에 바로 적용할 수 있는 전략 전술이 가득한 것이 이 책의 장점이다. 새로운 미션에 긴장하지 마시라. 현장 전문가가 건네는 '핀셋 조언'이라면 어떤 상황에도 대응할 수 있다.

_이서현 〈동아일보〉 뉴스룸 지원팀장

가볍게 고른 책이 무겁게 다가온다

저자의 오랜 현장 경험이 녹진하게 스며있는 온·오프라인을 아우르는 B2B 마케팅 서적이다. 특히 어려울 수 있는 다양한 마케팅에 "꼭 필요하겠는걸, 우리도 한번 해볼까?"라는 단초를 제공하여 기업의 디지털 B2B 마케팅 수준을 끌어올리는 데 기여할 수 있을 것이다. 이 책을 통해 온라인을 통한 Lead 창출부터 고객 경험 관리, 그리고 장기적인 충성고객 확보까지 재점검해 보는 시간을 가질 수 있을 거라 확신한다.

_성영아 'AWS Korea' Senior Customer Solutions Manager

B2B 마케팅에 도전하는 젊은 마케터를 위한,

살아 숨쉬는 마케팅 여행기

여태껏 경험하지 못한 이론과 사례를 생생하게 담아내, 기존의 짜깁기로 점철된 마케팅 지침서에 지친 이들을 위한 책이다. Fancy한 마케팅 용어로 치장된 겉멋을 버리고, 저자의 경험과 고민만으로 우직하게 우려낸 마케팅 노하우에 목마른 마케터들에게 추천드리고 싶다.

_송준달 'PwC 컨설팅' 파트너

B2B 마케팅이라는 망망대해를 표류하다 우연히 발견한 산호섬 같은 책

저자는 국내 굴지의 광고대행사 출신으로, B2C 소비재 마케팅의 경험을 거쳐 글로벌 1위 가전업체의 B2B 마케팅까지 섭렵한 인물이다. 저자의 이력을 잠시 살펴보는 것만으로도 그가 얼마나 수많은 시행착오를 겪고 어떻게 생각을 집대성해올 수 있었는지 미루어 짐작할 수 있다. B2B 마케팅과 관련된 수많은 강의와 교과서가 존재하지만, 막상 현직에 있는 사람들조차도 뒤돌아서면 무슨 말을 들었는지 기억이 안 나는 경우가 다반사이다. B2C와 달리 B2B 마케팅에 대한 지식과 이론은 대부분 필드 종사자들의 실전 경험에 의해서 정리되고 공유되어 왔기 때문이다. 저자는 자신이 보유한 풍부한 노하우를 바탕으로 딱딱하고 추상적인 B2B 마케팅의 핵심 개념들을 친근하고 매력적으로 지식화해, 다양한 배경의 독자들을 친절히 배려하고 있다.

_손동진 '덱스터 크레마' 대표이사

상사가 숙제를 내주면 슬쩍 베껴 보고 싶은 책

23년간 다국적기업에서 영업/마케팅 업무를 수행하면서 요즘처럼 빠르게 환경이 변화된 적은 없었다. 다양한 마케팅 기법들이 소개되고 많은 성공 케이스들이 공유되지만 실제 현장에서 적용하기 어려운 내용이고, 어디서부터 어떻게 접근해야 할지 모를 때가 많이 있다. 또한 어려운 이론과 전문용어들을 나열하며 자신의 학문적 영역만 소개하는 책들에 비해 본 저서는 현장에서 갈고 닦은 전문가답게 쉬운 예시들을 통해 이야기를 전개해 나가므로 한 번에 가뿐히 책을 완독할 수 있으면서도 현장에서 바로 적용할 수 있다. 마케터라는 직업은 젊은 청춘들에게 자칫 화려해 보이지만 수많은 시간과 노력을 들인 많은 경험을 축척해 가는 과정 속에서 꽃 피는 직업이다. 만약 회사의 상사로부터 "우리도 B2B 마케팅을 한번 시작해 보지?"라는 지시를 받고 난감할 때, 현장에서 습득한 경험을 선배로부터 쉽게 조언을 얻고자 한다면 본 저서의 내용을 슬쩍 발췌하면 참 좋을 듯하다. 아마도 상사는 당신의 보고를 보고 전문가다운 인상을 받을 수 있으리라 감히 의심치 않는다.

_서종옥 '이오플로우' 마케팅 이사

B2B에도 마케팅은 무척 중요하다

흔히들 마케팅이라고 하면, B2C에만 해당되는 게 아닌지 착각하곤 한다. 하지만, 클라이언트와의 안정적인 관계 설정과 꾸준한 관리가 중요한 B2B야말로 마케팅 전략이 필수다. 오랜 기간 B2B 마케팅에 종사해온 필자는, 생생한 실제 경험을 바탕으로 콘텐츠의 중요성, 고객 경험 관리CXM의 파급력, 좋은 마케팅 전략을 구사해온 세계 유수 B2B 회사들의 실제 사례를 바탕으로 생동감있게 B2B 마케팅 전략을 펼쳐내고 있다. 지금 마케팅을 고민하고 있는 B2B 회사의 담당자라면, 바로 펼쳐봐야 할 필독 도서다.

_박지호 '영감의 서재' 대표, 현대카드 DIVE어드바이저

1장.

디지털 마케팅으로
B2B 물꼬트기

우리 상품이나 서비스에 관심을 보이는 잠재고객들의 콘택트 포인트, 즉 리드(Lead)를 확보(Generation)하는 게 무엇보다 중요한 B2B 마케팅의 목적이다. 그리고 이를 위한 다양한 마케팅 활동이 반드시 필요하다.

1-1
B2B 마케팅의 핵심 미션, 'Lead'를 끌어들여라

◆ • • • •

B2B 마케팅에서 B2B는 'Business to Business'의 줄임말로 쉽게 얘기해 일반적인 소비자가 아닌 '기업이나 기관과의 거래'를 기본으로 한다. 예를 들면 병원에 의약품을 판매하는 제약회사, 자동차 회사에 철판을 파는 철강 제조회사, 기관을 상대로 자문을 해주는 컨설팅 펌 등이 모두 B2B의 주체라고 할 수 있다. 더 정확히는 그 기관이나 기업에 속한 조직의 구매자를 고객으로 삼는다는 점이 우리가 흔히 접하는 B2C와의 가장 큰 차이점이자 특징이다.

본격적으로 B2B 마케팅에 들어가기 앞서 조금 더 원론적으로 '마케팅'이 무엇인지부터 살짝 되짚어 보자. 우리가 너무나 많이 들어왔고 익숙해서 굳이 또 다른 설명이 필요 없다고 생각하는 이 단어는, 오히려 수많은 학자와 전문가들이 너도나도 거들며 한마디씩 보태면서 더 광범위해진다. 지금 검색창에 '마케팅'이라는 단어만 쳐도 수십 수백 가지 정의가 나온다. 여기에 접두어를 붙여 노이즈 마케팅, 에코 마케팅, 귀족 마케팅, 퍼포먼스 마케팅 등 잘난 척이 업인 양 으스대는 학자들과 기관, 그리고 협회에서 매년 새로운 신조어를 만들어내며 독특한 마케팅 방법을 소개한다.

여기 우리가 너무나 잘 아는 스티브 잡스 형이 일갈한 마케팅에 관한 메시지를 들어보자. '마케팅 구루'라는 필립 코틀러나 피터 드러커 할아버지보다 내게는 더 익숙하게 다가온다.

"Marketing is about values. It's a complicated and noisy world, and we're not going to get a chance to get people to remember much about us. No company is. So we have to be really clear about what we want them to know about us." **by Steve Jobs**

"마케팅의 본질은 가치입니다. 이 세상은 매우 복잡하고 시끄러워 사람들에게 우리를 기억하게 만들 기회가 쉽게 오지는 않습니다. 다른 회사들도 마찬가지입니다. 그래서 우리는 정말 분명하게 고객들이 우리를 더 잘 알도록 접근해야 합니다." 스티브 잡스

잡스 형의 말처럼 마케팅의 본질은 '가치'다. 소비자에게 어떤 가치를 줄 것인지, 왜 우리 것을 사야만 하는지, 팔고자 하는 물건의 가치가 어느 정도인지 알려줘야 한다는 이야기다. 이 '가치'라는 단어가 조금 추상적이긴 한데, 쉽게 말해서 고객이 느끼는 만족감, 편익, 성취감의 총합이라고 봐도 무방하다.

예를 들어 차를 살 때 어떤 고객은 저렴한 가격에 좀 더 가치를 둘 수 있고, 다른 이는 승차감, 또 어떤 이는 하차감(내릴 때 남들이 보내는 부러운 시선)을 가장 큰 가치로 둘 수 있다. 우리 상품이나 서비스가 고객들에게 어떤 가치를 줄 수 있을지, 기존 상품이나 서비스만으로 충족되지 못하는 그런 숨겨진 욕구를 찾아 차별화하고 잘 알리는 게 마케팅의 핵심이다.

'마켓컬리'의 '새벽 배송'을 한번 생각해 보자. 오후 11시까지 주문하면 다음 날 오전 7시까지 고객의 현관 앞까지 배송해 주는 '새벽 배송'은 무모한 도전이라는 주변의 우려와 달리 국내 유통업계의 판도를 완전히 바꿔놓았다. 마켓컬리의 성공 요인으로 '수요예측', '유통구조 시스템', '스토리가 있는 큐레이션' 등 전문가마다 다양하게 얘기하고 있지만 무엇보다 인상 깊은 마켓컬리의 가치는 '신선 식품이나 고가의 상품을 주문하는 소비자의 마음을 적확하게 읽었다'는 것이다.

"주문을 해놓고 제때 집에 가지 못하면 채소나 육류가 상해 버린다."
"중요한 물건의 경우 혹시나 분실될까 걱정이 돼 일이 손에 안 잡힌다."
"물건을 주문했지만 정확히 언제 배달될지 몰라 식단을 짜기 불편하다."

이런 불편사항을 기분 좋게 해결해 고객이 항상 집에 있는 시간인 새벽에 '눈 뜨자 마자 받아보는 정말 편한 경험'을 가치로 제공했다.

'청결한 서비스, 내 집 같은 편안함, 가치 있는 가격'을 내세워 일본을 넘어 세계적인 비즈니스호텔로 고공성장 중인 '토요코인' 역시 이런 고객의 욕구를 찾아 차별화해 성공했다. 토요코인은 기본적으로 저렴한 호텔로 잘 알려져 있는데, 이들이 주목한 서비스 타깃은 출장 비즈니스 고객이다. 그래서 철도나 지하철 등 역세권에 터를 잡아 예기치 않은 일정에 호텔을 찾아야 하는 출장자를 배려해 '미드나이트 타임 서비스'라는 이름의 특별한 서비스를 제공한다. 이 서비스는 밤 11시를 넘겨 방문했을 때는 1박에 3만 9천 원이

라는 저렴한 가격에 묶을 수 있도록 한 획기적인 마케팅 전
략이다. 또 아침 8시부터 저녁 8시까지 원격근무자들을 위
한 '데이유즈'까지 다양한 고객별 맞춤형 서비스를 내놓는
다. 유료로 운영하는 다른 비즈니스호텔과 달리 토요코인은
타지에서 일하는 출장자들을 배려해 따뜻한 아침밥을 해 먹
이고 싶은 엄마의 마음을 담아 국과 밥, 빵, 커피 등을 무료
로 제공한다.

▌ B2C보다 더 구체적인 타깃을 잡아라 ⋮

앞서 제시한 마켓컬리의 타깃 고객은 가정생활을 하는 주
부이고 토요코인의 타깃은 비즈니스 출장자로 우리가 흔히
일컫는 '일반적인 소비자'들이다. 이처럼 기업이 생산하는
상품, 서비스 등을 일반 소비자들을 대상으로 한 마케팅을
B2C, 즉 'Business to customer'로 정의한다면 B2B는 조금 더
구체적인 고객을 겨냥한다. **일반적인 소비자가 아니기 때문
에 정확한 'Right person', 즉 상대 조직에서 누가 우리 상
품과 서비스를 찾고, 어떤 이해관계자들과 의사 결정권자
들이 추천하고 검증하고 최종적으로 결정하는지 이를 파악
하는 것이 중요하다.** 이 과정이 생각보다 대단히 어려운 이

유는 B2B는 B2C 대비 제품이 복잡하고 거래금액도 상당하기 때문이다. 그래서 최종 의사결정 전까지 전문 조직별 이해관계자들의 사전 검증이 상당히 까다롭게 수행된다. 이로 인해 최종 계약 전까지 다양한 이해관계자들을 만족시키기 위한 영업과 마케팅이 필요하고, 이를 잘 기록하고 분석한 뒤 활용하는 것 역시 중요하다. 그리고 계약 이후에도 고객 입장에서는 공급사 교체에 따른 비용부담이 크기 때문에 큰 이슈가 없는 한 상대적으로 오랜 기간 동일한 고객과 거래가 지속된다. 따라서 고객과 밀접한 관계 유지를 위한 마케팅과 After sales service가 필수적이다.

예를 들어 사무가구를 파는 가구 회사에게는 기업의 구매부서 담당자가 타깃일 확률이 높지만 이런 결정권자를 만나더라도 계약까지는 실제 많은 단계와 여러 이해관계자를 만나고 설득하는 과정도 필요하다. 1차적으로 견적을 의뢰하고 발주를 넣는 기업의 구매팀이 있겠지만, 실제로는 그 안에 가구를 직접 사용하는 직원들, 그리고 최종적으로 이를 승인하는 CEO, 좀 더 큰 회사는 환경부서, 안전부서까지 갖춰, 이 가구가 친환경인지, 안전에는 무리가 없는지 등 수많은 이해관계자가 섞여 있다[그림 1-1]. 그러다 보니 최종구매까지 꽤 오랜 시간이 걸리고 손이 많이 간다. 이런 B2B는

우리가 조금만 주위로 눈을 돌려보면 생각보다 상당히 많이
포진해 있다.

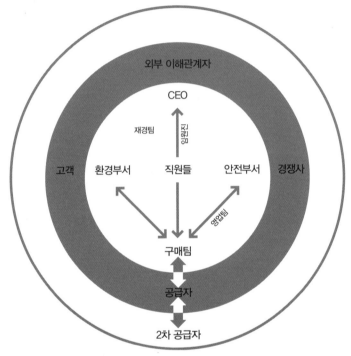

▲ 그림 1-1. B2B 구매 과정에 포진된 수많은 이해관계자

또한 우리가 B2C로만 생각하는 여행사가 실제로는 B2B
에서 더 큰 매출을 발생시키는 경우가 많다. 회사에서 단
체로 보내주는 관광 패키지, 수학여행, 전시박람회 관람,
테마 상품 등 회사 입장에서 보면 B2C보다 B2B 상품이
더 수익이 높고 안정적이다. B2B 거래 과정의 성격상 한

번 거래를 맺으면 웬만해선 변화를 주지 않으려 하는 보수적인 관례 때문이다. 이 외에도 사내식당, 사내 통신, 전자부품, 소프트웨어(기업에서 쓰는 MS 오피스 등), 제약, 은행(기업부문)까지 정말 다양한 산업군의 고객들이 있기 때문에 B2B 마케팅의 첫 시작은 이 수많은 직업군 중 자신의 회사와 잘 맞아떨어지는 이해관계자들과 최종 결정권자들을 찾아내는 게 관건이다.

하지만 오랜 경험과 영업으로 인해 인맥이 다양한 사람이거나 업계의 전문가가 아닌 이상 Right person을 바로 찾아내는 건 상당히 어려운 일이다. 우리나라는 그나마 '두 다리만 건너면 모두가 사촌'이라는 말이 있듯이 알음알음으로 엮이다 보면 언젠가 그 Right person을 만나겠지만, 땅이 넓고 인구가 많은 유럽이나 미국은 쉽지 않다. 그렇기 때문에 **영업에 앞서 마케팅에서 우리 상품이나 서비스에 관심을 보이는 잠재 고객들의 콘택트 포인트, 즉 리드**Lead**를 확보**Generation**하는 것이 무엇보다 중요한 B2B 마케팅의 목적이다.** 그리고 이를 위한 다양한 마케팅 활동이 반드시 필요하다.

"Leads are people who are potentially interested in buying your products or services. Lead generation

lets you reach potential customers early in their buyer's journey, so you can earn their trust, build a relationship, and be by their side until they're ready to make a purchase"

"글로벌 CRM 솔루션 기업인 세일즈포스는 Lead를 우리 상품이나 서비스에 관심을 가지고 있는 잠재 고객으로 정의한다. 즉 아직 우리의 정식 고객은 아니지만, '회사 공식 홈페이지를 검색'하거나, '연락 채널을 통해 문의'를 하거나, '자료 데모 버전을 신청, 혹은 카탈로그를 다운로드'하는 등 계약 성사가 될 수 있는 모든 가능성이 있는 활동을 보이는 고객들이다." 출처: Salesforce

차곡차곡 쌓인 고객 정보의 데이터베이스화 :

힘들게 확보한 Lead를 대상으로 여러 제안을 하고 영업 활동을 하더라도 구매 결정, 즉 계약이 쉽게 이뤄지지는 않는다. 일단 B2C와는 다르게 구매금액도 상당히 크고, 회사의 IT 시스템처럼 장기적으로 안고 가야 하거나, 1차 상품을 재가공해 유통의 단계를 거쳐 최종 소비자에게 판매하는 경우도 많아서 대부분의 B2B 거래 계약은 상당히 신중하게 이뤄진다. 그렇기 때문에 한 번이라도 접촉했던 고객들, 즉 우리 상품이나 서비스에 관심을 보였던 Lead나 혹은 계약 직전까지 갔으나 돌아선 고객들의 정보를 데이터베이스화해서 기록으로 남겨둬야 한다. 여기서 보통의 회사들은 영업사원의 수첩이나 컴퓨터의 엑셀 파일로 거래의 과정이나 고객 정보를 남겨두기도 하지만, 실제로는 이마저도 없는 곳이 태반이다. 하지만 정말 B2B 비즈니스에 정통한 기업들은 데이터베이스를 쌓을 수 있는 시스템이나 솔루션을 구축하고, 이를 기반으로 정교하고 효율적인 마케팅과 영업활동을 한다. 최근 많은 국내 기업들이 경쟁처럼 앞다퉈 도입하고 있는 CRM 솔루션 '세일즈포스' 역시 이런 고객과 관련된 데이터를 효과적으로 수집, 축적하고 회사 내 유기적으로 공유할 수 있게 고안된 시스템 중 하나다.

데이터베이스의 중요성은 아무리 강조해도 지나치지 않다. B2C의 사례지만 많은 애널리스트가 쿠팡이 매해 엄청난 적자를 기록하면서도 뉴욕 증권거래소에 상장해 상당한 투자금을 끌어모은 결정적인 이유로 DB, 즉 '데이터베이스'로 꼽는다. 2천만 명이 넘는 가입자와 고객들이 어떤 상품들을 구매했는지, 언제쯤 다시 구매하는지 모든 것들이 데이터베이스화되어 있어 놀라운 성장 잠재성을 인정받은 것이다. 만약 정확하게 파악이 쉽지 않은 B2B 고객의 데이터베이스가 2천만 명이라면 어떨까? 고객 전체가 정확하게 쿠팡처럼 데이터베이스화되지 않았더라도 이 중 1%만이라도 거래가 꾸준히 이어진다면 이 기업은 20만 곳의 기업들과 거래를 하는 정말 큰 회사다. 그리고 99%의 DB를 통해 꾸준히 영업과 마케팅 활동을 하고 계약을 더 늘린다면 지속적으로 성장할 수 있다.

GE(항공기 엔진, 헬스케어 전자기기 제조업체)나 마이크로소프트, 오라클(클라우드 서비스), UPS(운송) 같은 B2B 기업들은 이렇게 차근차근 DB를 쌓고 분석해서 영업기회를 창출하고 계약하고 유지하면서 성장해왔다. 이렇게 쌓은 고객 DB를 바탕으로 가망고객(전문용어로 Qualified Lead, 우리 상품이나 서비스에 더 많은 관심을 보이고 거래가 될 확률이 높은 고객)부터 계약, 최종 매출이 발생하는 세일즈 클로징까지 가는 여러 과정을 단계별로 '세일즈 파이프라인'이라고 한다. 파이프라인에 등록된 데이터는 단계별 성과 분석, 개선점 파악, 시장분석, 나아가서는 공급 예측까지 유용하게 활용되면서 회사 경영의 실시간 대시보드가 된다.

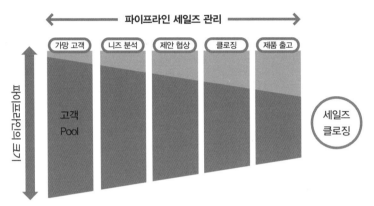

▲ 그림 1-2. B2B 세일즈 파이프라인 (출처: 『영업의 미래』 최용주, 김상범 지음)

　예를 들어 고객과의 미팅까지 이뤄졌는데 거래가 결렬되면, 그 원인을 분석해서 내용을 공유하고 향후 개선점을 찾아 재미팅을 할 때나 다른 고객과의 미팅에서 부족한 부분을 보완해 판매 확률을 높인다. 이 파이프라인은 B2B 영업쪽에서 많이 쓰는 용어지만 실제로 B2B 회사에서는 모든 부서에 공통적으로 해당하는 정형화된 프로세스다.

　흔히들 마케팅이라고 하면 기업에서 돈을 써서 사람들을 불러 모으는 광고나 홍보 쪽만 생각하게 된다. 틀린 말은 아니지만 *B2B에서 마케팅은 영업에 앞서 최전방에서 Lead를 확보하고 영업에 전달하는 역할을 맡는다.* 예를 들어 홈페이지를 잘 만들어서 홍보하고 홈페이지에 들어온 고객들을 잘 유인해 필요한 정보들(연락처, 이메일, 회사 직책 등)을 얻고 그 정보를 분석해서 고객을 추려낸 후 가망고객들을 영업팀에 전달하면, 영업팀은 미팅을 통해 상품을 제안하고 협상해서 매출을 만든다. 그리고 계속해서 기술지원이나 서비스를 통해 추가 매출을 만들거나 다른 거래를 엮는 순환고리가 된다. 팀 간의 R&R도 중요하지만 서로가 유기적으로 연결되어 있기 때문에 'One team play'가 더욱 중요하다.

자, B2B 마케팅의 과정을 요약해 보자. 마케팅 활동을 통해 Lead(잠재 고객들의 콘택트 포인트)를 잘 모아 분석을 해서 가까운 미래에 우리 제품을 좀 더 구매할 것 같은 Qualified Lead(가망고객)를 선별한다.

그런 뒤 파이프라인에 등록하고 이를 영업과 공조해 거래를 만들고, 구매주기를 고려해 재판매하거나, upsell(기존보다 고가의 상품 판매), cross-sell(유사 관련 상품 추가 판매)을 전개한다. 그 후 **장기적으로 우리 상품이나 서비스에 대해 로열티를 증대해서 평생 고객으로 삼고, 서로가 윈윈하는 파트너십을 구축한다. 이것이 바로 B2B 마케팅, 즉 '단체 단골 고객 만들기'다.**

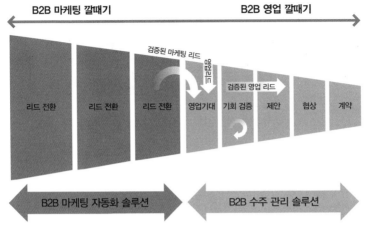

▲ 그림 1-3. B2B 마케팅 전체 프로세스 (출처: LG CNS 블로그, Entrue컨설팅 전략그룹)

1-2
돈만 드는 홈페이지,
굳이 만들어야 할까?

◆ · · · ·

물가가 올라도 너무 올랐다. 이제는 서울 도심에서 그나마 '먹을 만한' 점심 한 끼를 사 먹으려면 최소 만원은 깨진다. 많은 직장인들이 달랑 한 끼 점심값임에도 부담을 느끼고 자극적인 음식에 질려버린 듯 서서히 사내식당을 찾기 시작했다. 비단 대기업뿐만 아니라 중소기업에서도 복리후생 차원에서 사내식당 도입을 늘리고 있다.

모 금융회사의 김태평 부장은 이런 사회적인 트렌드에 착안해 오랫동안 꿈꿔왔던 중소기업 대상 단체급식 서비스 회사 '컴퍼니푸드'를 창업하기로 결심하고 호기롭게 사표를 던졌다. 함께 할 직원과 최고의 영양사, 요리사를 뽑고, 식자재 납품 채널을 개척하고 만반의 준비를 했는데 생각보다 첫 거래처 찾기가 만만치 않았다. 일반 식당들은 일단 문을 열면 지나던 행인들이 호기심에 들러서 맛이라도 보고 입소문이라도 내겠지만, B2B 대상으로는 이런 방법을 쓸 수가 없다.

김 부장은 우선 기존 다른 급식을 이용하고 있는 회사를 상대로 거래처 변경을 도전해 보기로 했다. 지인 찬스를 써서 어떻게든 몇몇 회사의 급식담당자를 만나보지만, 돌아오는 대답은 대체적으로 부정적이었다.

"지금 급식에 불만이 없는데 왜 우리가 컴퍼니푸드를 써야 하나요?"
"지금 회사 계약 기간이 10년이라서 곤란할 것 같은데요."
"에이, 이제 막 새로 생긴 신생회사를 어떻게 믿고 바꿉니까? 만약 바꿨다가 직원들이 맛없다고 불평하면 그게 내 책임인데… 어휴 저 독박 쓰기 싫어요."

본보기로 내세울 만한 사례가 없으니 섣불리 믿으려 하지 않았고, 이미 여러 회사에 납품을 하며 단체급식 서비스를 운영하는 경쟁사들은 물량에서의 충분한 가격경쟁력 (오이 천 개를 사서 100개씩 10군데로 나누니, 100개씩 사는 소매에 비해 단가가 저렴하다)부터 다양한 메뉴, 오랜 운영 노하우, 시스템까지 갖추고 있다 보니 신생회사로서는 도저히 이렇다 할 경쟁력을 제시하기가 어려웠다. 어쩔 수 없이 김 부장은 작전을 바꿔 새롭게 급식 회사를 찾는 신규 거래처를 발굴해서 업계에서 신뢰도를 쌓고 차근차근 거래처를 늘려 보기로 했다.

시장조사를 통해 단체급식의 마지노선 인원이 최소 30명인 점을 감안해 20명인 중소기업 대상으로도 가능하게끔 회사 내 리소스를 세팅하고, 식당이 흔치 않은 외지에 있는 작은 회사들을 상대로 발품을 팔아서 고객 개척에 나서 보았다. 하지만 이마저도 쉽지가 않았다. 대한민국 수많은 중소기업 중 단체급식을 원하는 곳이 정말 많겠지만, 아무런 사전조사 없이 이렇게 무턱대고 방문을 하는 게 과연 최선일까? 고객들의 콘택트 포인트라도 알면 이렇게 몸 고생은 안 할 텐데, 김 부장은 답답하기만 했다.

'컴퍼니푸드'의 고전을 뒤로하고, 이제는 다른 회사의 사례를 살펴보자.

국내에서 수술용 영상 의료 광학기계를 제조 납품하는 강소기업 'X센서'는 매출 증대 및 제2의 성장을 위해 미국시장 공략에 나서기로 결정한다. 먼저 해외 수출 전담팀을 꾸리고 여러 전문가의 도움을 받아 면밀한 시장조사를 했다. 국내와 달리 해외 네트워크도 없고, 병원을 상대로 직접 발품을 팔 수도 없으니 국내와는 다른 마케팅 전략을 세워야 했다. 우선 우리 제품을 팔아줄 현지의 유통점 발굴을 위해 정성스럽게 제품소개서를 만들어 이메일을 보냈다. 운 좋게 몇 군데서 상담이 들어와 미국까지 날아가 미팅을 했지만, 다른 회사 대비 브랜드 인지도나 제품의 신뢰도, 사후 서비스 등의 경쟁력이 약하다 보니 박한 대우를 받을 수밖에 없었다. 게다가 유통점은 굳이 우리 제품을 팔지 않아도 다른 제품들이 많아 장사에 지장이 없으니 힘들여 팔 생각을 하지 않았다. 더욱이 구매의 최종 결정권자인 의사들 역시 처음 보는 제품에 쉽게 관심을 보이지 않았다. 지금껏 써온 기계들이 아무 탈이 없는 데다가 워낙 고가이다 보니 선뜻 나설 생각조차 하지 않는 것이다. 이쯤 되니 유통사들은 '인센티브나 마케팅 투자를 좀 해달라'라는 압박성 push를 하곤 했다.

결국 장기적으로 제대로 된 사업을 하기 위해선 큰 병원의 의사들을 상대로 다양한 마케팅 활동을 통해 직접 우리 제품을 알리고, 이들 중 우리 제품에 조금이라도 관심을 보이는 가망고객을 선택해서 집중 공략을 해야 하는데, 우선 '의사들의 콘택트 포인트는 어떻게 확보해야 하는지'부터 막막하다. 유통사들에게 요청해도 개인 프라이버시 및 중요한 고객 정보라 공유가 어렵다고 한다. 힘들게 잡은 생선을 나눠줄 리 만무하다.

▎구시대 유물이 되어가는 오프라인식 마케팅 ⁝

'컴퍼니푸드'나 'X센서'의 사례처럼 B2B 비즈니스를 처음 시작하는 회사 입장에서는 고객에 대한 첫 콘택트 포인트, 소위 명함에 나오는 주소, 전화번호, 이메일 주소와 같은 연락처가 없다 보니 다소 무식하게 맨땅에 영업을 하는 방법을 많이 택한다. 하지만 그렇게 힘들여 고객을 만나더라도 회사의 브랜드 인지도나 상품 신뢰도가 없어 시장에서 외면받기 일쑤다.

인터넷이 대중화되기 전에는 전화번호부를 통한 콜드 콜°이나 전시회 같은 행사를 통해 Lead를 수집하는 전통적인 방법이 다수였지만, 요즘 대다수의 기업은 온라인으로 더 빠르고 효율적으로 접근한다. 구글 통계에 따르면 전 세계 63%, 우리나라는 93%의 인구가 인터넷을 이용한다. 이제 정보를 찾기 위해 대부분의 사람들이 가장 먼저 접근하는 방법은 스마트폰을 열고 검색창에 상품명이나 회사 관련 키워드를 검색하는 것이다. 2022년 나스미디어 인터넷 이용조사에 따르면 대한민국 국민 10명 중 7명이 자료 및 정보검색을 위해 인터넷을 이용했다고 밝혔다. 하지만 아직까지 많은 B2B 회사들은 디지털 전환에 대해서 거부감이 크고 제대로 된 준비

● 콜드 콜 : 임의로 방문이나 전화를 하는 행위

를 하지 못하는 게 현실이다. 명확한 목적과 방향 없이 경쟁 회사가 홈페이지를 만들었다고 하니, 비슷하게 따라서 하나 만들고, 다들 SNS, SNS 하니까 남들 따라 만들어 놓고 1년 넘게 콘텐츠 하나 없이 방치되는 경우가 수두룩하다.

"그동안 홈페이지 하나 없이 브로슈어와 영업력으로 잘 먹고 살았는데 왜 굳이 돈을 들여서 그런 걸 만드냐?"고 물을 수도 있겠지만 앞으로가 문제다. 급변하는 세상 속에서도 흔들림 없이 꿋꿋하게 오프라인 홍보만으로도 잘 먹고 잘 살 수 있을까?

10년 후 회사의 미래를 그려본다면 그렇게 희망적이지는 않을 것 같다.

▌최전방에서 고객을 맞이하는 홈페이지 ⋮

디지털, 비대면 소통에 대한 고객의 선호와 태도가 변한다면 B2C, B2B를 떠나 디지털 전환은 이제 선택이 아닌 필수이다. 그리고 그 가장 전방에서 고객을 맞는 홈페이지는 Lead 발굴을 통한 영업기회 창출의 목적뿐만 아니라 정보 제공, 지속적인 고객 관계 구축을 통한 브랜딩을 위해서라도 필수적인 요소다. 다행히 예전과 달리 요즘은 홈페이지 구축을 위한 다양한 프로그램들과 서비스가 많아서 Small business를 시작하는 회사들은 큰 비용을 들이지 않고 빠르게 구축할 수 있다.

국내에서 단체급식 사업을 시작하는 '컴퍼니푸드'를 예로 들어보자. 먼저 Lead 창출에 목표를 두고 컴퍼니푸드에 대한 회사 소개와 메뉴 경쟁력, 연락처, 상담문의 페이지 등의 콘텐츠를 매력적으로 만들고, 홈페이지에 방문하는 고객들이 이 정보들을 쉽고 빠르게 찾을 수 있게 구성해 많은 Lead를 남길 수 있도록 구축해야 한다.

▲ 그림 1-4. 단체급식전문 회사인 '푸드온'의 홈페이지 사례 (출처: 푸드온 https://food-on.co.kr)

홈페이지 구축이 끝났다고 해서 고객이 알아서 방문할 것이라 생각하면 큰 오산이다. 국내에서 단체급식 사업을 시작하는 '컴퍼니푸드'는 포털사이트(네이버, 다음 등)에 홈페이지 등록을 우선 진행해 고객이 '단체급식'이라는 검색어를 입력할 때 회사 이름과 사이트 주소가 노출되게 만들어야 한다. 또한 초기에는 가급적이면 키워드 검색 광고 (고객이 단체급식과 관련된 키워드로 검색 시 화면 상단에 노출되며 비용에 따라 순위는 변동됨)를 신청하는 것이 좋다. 물론 광고 없이도 노출은 되지만 검색 결과 시 후순위로 밀려 안 보일 경우가 많고, 블로그나 뉴스, 카페 등을 활용해 노출시킬 수는 있으나 많은 시간과 노력이 필요하다.

특히 우리나라는 다른 나라와 달리 포털의 영향력이 워낙 크다 보니, 비즈니스 초창기에 검색 광고가 반드시 필요하다. 때로 블로거를 동원해 단시간에 노출을 올려주는 전문적인 에이전시들을 동원하는 경우도 있는데, 실제로 그 효과는 오래가지 않는다. 그리고 요즘 소비자들은 워낙 똑똑해서 블로그에서 이른바 '주작' 냄새를 맡으면 오히려 부작용이 생길 수도 있으니 주의가 필요하다.

초기 투자와 더불어, 장기적으로는 포털사이트에서 더 많이 검색 될 수 있게 경쟁력 있는 콘텐츠도 만들어야 하고,

우리 고객들이 자주 방문하는 사이트(예를 들면 급식협회나 급식신문 등)에도 홍보가 필요하다. 대형 쇼핑몰 안의 여러 식당 중에서도 고객이 끊임없이 가는 곳은 정말 맛있거나, 특색있는 메뉴를 팔거나, 독특한 인테리어를 자랑하는 매장이거나, 대박 할인을 하거나 하는 등의 고객을 유인하는 여러 가지 요소가 있다. 따라서 계속해서 강조하겠지만 결국 **홈페이지에서 홍보할 모든 콘텐츠는 웹사이트에 저장이 되고 연결되거나 재활용되기 때문에 절대로 게을리해서는 안 된다.**

▲ 그림 1-5. Naver 검색 화면에서 '단체급식' 키워드 검색 시 노출되는 광고들

▲ 그림 1-6. Daum 검색 화면에서 '단체급식' 키워드 검색 시 노출되는 광고들

미국시장을 대상으로 해외사업을 시작하는 'X센서'의 경우에는 당연히 영문으로 된 글로벌 홈페이지가 필요하고, 세계 1위이자 미국 내 90% 이상 검색 점유율을 차지하는 구글 검색엔진에서 높은 순위에 빠르게 노출될 수 있도록 작업을 해야 한다. 구글의 검색엔진 알고리즘은 네이버나 Daum과 달리 사용자가 원하는 바를 찾을 수 있도록 질문의 단어, 페이지의 콘텐츠, 출처의 전문성, 사용자의 언어 및 위치를 비롯한 다양한 요소를 고려한다. 즉, 사용자를 위해 유용하면서도 관련성이 높은 검색 결과 위주로 노출 순위가 올라가기 때문에 자연스럽게 유저들은 상위에 올라와 있는 회사를 좀 더 신뢰해 방문율이 높아진다. 따라서 구글에 맞춘 SEO^{Search Engine Optimization} 작업은 다른 어떤 마케팅 활동보다 최우선이다. 지금부터는 우리 회사 홈페이지가 눈에 잘 띄기 위해 반드시 알아둬야 할 SEO에 대해 살펴보도록 하자.

1-3
우리 홈페이지는 왜 검색을 해도 눈에 띄지 않을까?

◆ · · · ·

SEO는 'Search Engine Optimization'의 약자로 번역을 하자면 '검색엔진 최적화'라고 하고, 트래픽(웹사이트에 전송되는 데이터의 양)의 양과 질을 개선해서 검색 시 상위 노출을 목적으로 한다. 여기서 말하는 '검색엔진'은 웹에서 정보를 긁어오는 프로그램을 가리키는데, 보통 그 프로그램으로 검색 서비스를 제공하는 '검색 사이트'들과 사실상 혼용해서 사용한다.

우리나라의 대표적인 검색 사이트는 네이버와 다음이며, 해외에서는 전 세계 점유율 1위인 구글(약 80%), 빙Bing 그리고 이제는 잊혀 가는 야후와 더불어 중국의 바이두, 러시아의 얀덱스, 최근에 각광받는 덕덕고duckduckgo까지 수많은 검색엔진들이 있다. 물론 요즘은 인스타나 유튜브 같은 SNS 기반의 플랫폼

들이 MZ세대에게 사랑받는 또 다른 검색엔진이다.

이런 검색엔진들은 보통 Crawling(웹페이지를 돌아다니며 정보수집), Indexing(가져온 정보를 분석, 색인, 저장), Ranking(검색 의도에 맞춰 색인된 정보에 순위를 부여)의 프로세스로 검색자의 질문에 답을 하는데, 이 프로세스에 따라 SEO를 정의하면 결국 '검색엔진이 내 사이트나 페이지를 잘 찾을 수 있게 만들고, 잘 분석할 수 있도록 정리해 놓고, 검색 의도에 맞는 질 좋은 콘텐츠를 만드는 일'이다. 당연한 결과지만 이렇게 해놓으면 트래픽(방문 횟수)의 양과 질이 높아지면서 자신의 웹사이트, 혹은 웹페이지의 검색 결과 순위와 노출도가 올라간다. 따라서 우리 회사 홈페이지가 검색이 안 된다면 SEO 관점에서 홈페이지를 제대로 진단하고 분석했는지 살피고 이를 개선해 나가야 한다.

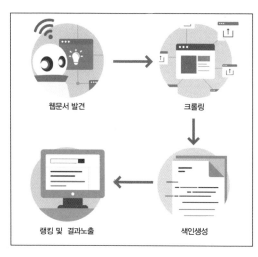

웹문서 발견   크롤링

랭킹 및 결과노출   색인생성

◀ 그림 1-7. 검색엔진 프로세스

▎제 살 깎아 먹는 네이버의 함정 ⋮

SEO는 검색엔진 초창기부터 등장했지만, 지금까지 우리나라는 그 필요성과 중요성에 비해 거의 불모지에 가깝다. 부진의 가장 큰 이유는 아이러니하게도 '네이버'의 존재 때문이다. 전 세계 대부분 국가에서 구글은 압도적인 1위이지만 대한민국, 러시아, 중국에서는 이야기가 다르다. 자국 내 사이트들의 장벽이 너무 높아 끼어들 틈이 없는 것이다.

2021년 네이버의 시장점유율은 60%대로 10년 전 80%에 비해 많이 줄어들기는 했지만, 여전히 국내에서는 가장 강력한 검색엔진이다. 네이버도 Search Advisor라는 웹 마스터 가이드를 통해 공식적으로 SEO를 권장하고 있지만, 실제로 현장에서는 구글과 다르게 자체 플랫폼 위주로만 노출이 치중된다는 볼멘소리가 나온다. 네이버의 경우에는 대체적으로 최상위 노출되는 광고(파워링크)가 메인이며, 이후 유저의 검색, 클릭, 뷰 등에 따라서 쇼핑, 블로그, 까페, 지식인, 뉴스 등의 영역별로 순서가 변경되어 노출된다. 즉 엄밀히 말하면 모든 영역들이 네이버의 자체 플랫폼인 셈이다. 실제 한 작은 중소기업 대표가 "네이버에 회사 홈페이지 검색 순위를 빠르게 올리기 위해 어떻게 하면 좋겠느냐?"는 질문을 하자 관련 전문 마케팅 업체에서는 언론사를 통해서 기획기사를 내고, 네이버 자체 플랫폼인 네이버 블로그에 주기적으로 콘텐츠를 올리라고 권유했다고 한다.

네이버 블로그를 꾸준히 운영해 어느 정도 바이럴 마케팅에 성공한 인기 블로거들은 종종 블로그 대여를 통한 부수입 메일을 받았을 것이다. 그만큼 광고나 협찬 성격의 결과가 너무 많고, 콘텐츠 자체의 퀄리티보다는 자체 플랫폼 사용이 검색 결과 랭킹에 더욱 중요한 요인이 되기 때문이다. 그렇다 보니 젊은 층에서는 광고로 도배된 네이버 검색결과가 아닌 유튜브, 인스타, 그리고 구글을 더 많이 활용하고 선호한다는 조사[*]가 나오기도 했다. 실제로 네이버의 시장점유율은 계속해서 줄어들고 있고, 이 때문에 네이버도 2018년 "사용자의 검색 의도를 고려해 개인에게 맞춰주는 검색 중심으로 바꾸겠다"고 자성의 목소리와 함께 개편안을 내놓았다. 또한 검색엔진 시스템도 구글처럼 바꿔가고 있다. 물론 네이버는 구글에 비해 여전히 부족한 점이 많다. 하지만, 이제라도 '검색자가 찾는 대답을 가장 빠르고 정확하게 찾아 준다'는 핵심가치에 부합하려고 노력한다고 하니 기대해 봐도 좋을 것이다.

---

[*] 2019 인터넷 이용자 조사NPR by 나스미디어

B2B도 SEO가 중요한 4가지 이유 :

1) 10명 중 9명은 검색으로 구매 의사결정을 시작

디지털 시대, 두 말할 필요 없이 우리 모두는 구매시 검색부터 시작한다. 그리고 당연한 이야기지만, 가장 먼저 나오는 페이지에 시선이 꽂히기 마련이다. B2B도 마찬가지다. 대표가 회사복지에 필요한 커피 머신 구매 요청을 지시했을 때, 구매팀 담당자가 바로 하는 일은 '기업용 커피 머신'부터 검색창에 입력하는 것이다.

또한 제품들을 비교하고 관련한 리뷰들을 찾아볼 때 참조하는 채널 역시 검색이 94%에 육박한다는 조사결과[*]가 있는데, 이는 이제 놀랄 만한 일도 아니다.

2) SEO 영역의 클릭률은 광고보다 2배 이상 높다.

구글의 유료광고 영역뿐만 아니라 네이버의 파워링크는 최상단에 가장 먼저 노출된다. 하지만 우리의 시선이 머무는 곳은 실제 그 하단에 있는 콘텐츠(관련 웹페이지, 뉴스, 지식인, 블로그 등)들이다. TV에서 본방송 사이 광고가 나올 때 채널을 돌리는 것처럼, 검색엔진에서도 본능적으로 우리는 광고를 신뢰하지 않는다. 실제 조사결과에서도 대다

● 미국 Social marketing agency "Group M" 조사결과

수 사람들은 광고보다는 SEO 영역에 노출되는 검색 결과를
더 신뢰한다고 답했다. 또한 유료광고는 예산이 소진되면
바로 노출이 중지되지만, 검색엔진 최적화를 통해 노출되는
페이지는 사람들이 계속 찾게 되면서 주기적인 클릭이 되기
때문에 지속적인 트래픽을 발생시킨다.

▲ 그림 1-8. 구글에서 School laptops 검색 시 노출되는 유료광고 및 SEO영역

3) Winner takes it all, 상위에 랭크될 때 더 많이 클릭한다.

구글의 경우, 1페이지가 평균 약 40만 클릭, 2~7페이지가 약 30만 클릭으로 10페이지를 넘어가면 3만 이하로 떨어져 페이지별 랭크에 따라 클릭률은 큰 차이를 보인다. 네이버의 경우에는 정확한 조사자료가 나오지는 않았지만, 업계 전문가의 목소리를 빌자면, 검색자의 약 75%가 두 페이지 이상은 보지 않는다고 한다. 한마디로 Winner takes it all, 강자 독식이다. 이는 전통시장을 예로 들면 쉽게 이해된다. 시장 안에서 사람들이 자주 보고 많이 찾는 초입의 가게 목이 권리금이 비싸고 장사가 잘되는 것처럼, 인터넷상에서도 목이 좋은 곳에 자리를 잡아야 한다.

4) 상위 노출 및 클릭으로 LEAD 확보에 도움이 된다.

상위 노출은 자연스럽게 클릭을 한 뒤 사이트로 들어오는 전환율, 즉 CTR Click Through Rate이 높다. 일단 가게에 들어오면 구매할 확률이 높아지는 것과 같다. 물론 방문자 수에 정비례해서 매출이 늘어나지는 않지만, 어느 정도 상관관계가 있음은 많은 조사를 통해 확인됐다. 특히 B2B 사이트에서도 오가닉 유입 Organic Traffic이 늘어남에 따라 잠재 고객 'Lead'가 늘어나는 것을 확인할 수 있다.

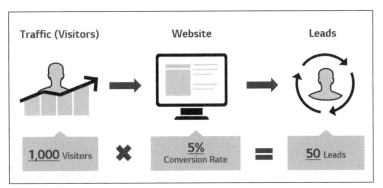

▲ 그림 1-9. 웹사이트 트래픽 증가에 따른 Leads 연관관계

1-4
고객이 제 발로 찾아오는
기업 홈페이지의 비밀

◆ · · · ·

일단 홈페이지를 열심히 정성껏 만들었다면 지금부터는 눈에 띄게 홍보를 하는 것이 관건이다. 그렇다면 어떤 절차가 필요할까? 다음 세 가지를 지키면 된다.

1. 검색엔진이 내 사이트를 잘 찾을 수 있게 만들고

2. 사이트의 콘텐츠를 잘 분석할 수 있도록 정리해 놓고

3. 검색자의 질문에 가장 적절한 해답을 줄 수 있도록 좋은 콘텐츠를 주기적으로 올려 명당자리를 차지하면 된다.

SEO에 솔직한 구글은 친절하게 가이드°를 만들어 누구나 볼 수 있게 업로드한다. 서치 엔진의 프로세스부터 필수요소, basic과 advanced로 나눠서 능숙하게 사용하는 방법까지 모든 것이 망라되어 있다. 전문적인 에이전시들이 홍보를 위해 올려놓은 블로그나 웹사이트들보다 더 정확하고 정리가 잘 되어 있으니 제대로 공부하고 싶은 분들은 정독하는 게 좋다. 물론 네이버 역시 '서치 어드바이저°'라는 가이드를 만들어 놨다. 수능 만점자들이 항상 하는 말처럼 정말로 SEO에 교과서보다 더 좋은 교재는 없다.

여러가지 해야 할 일이 있지만 그중 꼭 알아야 할 핵심만 추려보자. 먼저, 잘 수집해 갈 수 있게 만드는 Technical SEO, 즉 웹사이트의 골조공사부터 튼튼하게 세우는 것이 우선이다. '사이트맵이 잘 만들어졌는지, 에러 페이지(소위 '404 페이지를 찾을 수 없습니다'와 같은 창이 뜨는 페이지)는 없는지, 보안기술에 맞췄는지, 속도는 빠른지, 모바일 친화적인지' 등 기술적인 부분을 정확히 점검하고 토대를 만들어야 한다.

● 구글 SEO 가이드: https://developers.google.com/search/docs/beginner/seo-starter-guide
● 네이버 SEO 가이드: https://searchadvisor.naver.com/guide/seo-basic-intro

위의 체크해야 할 사항에 대한 답은 아래와 같다.

사이트맵: 사이트맵은 웹사이트의 웹페이지를 계층적으로 분류한 목록으로 쉽게 말해 페이지를 소개하는 목차다. 책에서 목차가 없으면 내용 파악이 쉽지 않듯이, 구글과 같은 검색엔진이 사이트를 크롤링할 때 문제없이, 쉽게 크롤링을 할 수 있게 도와주는 역할을 한다.

에러페이지: 웹서핑을 하다 보면 누구나 한 번쯤 'HTTP 404 not found' 혹은 '페이지를 찾을 수 없습니다'라는 오류 메시지를 경험해 봤을 것이다. 해당 오류는 서버 자체는 존재하지만, 서버에서 요청한 것을 찾을 수 없을 때 나타나는 오류로 대부분의 원인은 페이지가 이동되거나 삭제된 경우다.

보안 프로토콜: 구글은 2017년 보안의 중요성을 언급하며 앞으로 HTPS_{Hypertext Transfer Protocol Secure} 보안 프로토콜을 사용하는 웹사이트에 대해 HTTP 일반 프로토콜을 사용하는 웹사이트보다 더 높은 점수를 부여할 것이라고 발표했다.

웹사이트 속도: 우리나라는 전 세계적으로 인터넷이 가장 빠른 편에 속한다. 유럽만 가도 우리만큼 속도가 나오지 않

아 답답한 경우가 많다. 구글은 페이지 로딩에 시간이 오래 걸리면 그만큼 이탈률이 많고 최적화되지 않았다고 판단한다. 기술적인 속도를 떠나서 페이지 내 최적화되지 않은 이미지, 과도한 플래시 사용, 비디오 소스, 지나치게 복잡한 UX 등 역시 로딩 속도를 떨어지게 하는 주요 요인들이다.

모바일 친화: 국가별 차이는 있지만 우리나라의 경우는 이미 모바일을 통한 웹 접속이 PC를 넘어섰고, 전 세계적으로 모바일 사용자가 더 많아지는 추세다. 검색자 중심으로 모든 게 움직이는 구글은 가이드에서 공식적으로 모바일 친화를 권장하고 있다.

Technical SEO는 흔히들 개발자의 영역이라고 생각해서 에이전시나 개발자들에게 모두 맡겨버리는 경우가 많은데, 적어도 마케팅을 하는 담당자라면 자세히는 몰라도 기본적인 개념은 반드시 알고 있어야 한다.

그 다음으로는 사이트 내의 콘텐츠들을 잘 분석하고 색인될 수 있도록 정리해서 검색엔진이 우리 페이지가 어떤 콘텐츠를 담고 있는지 쉽게 알 수 있도록 하는 작업, 즉 On-Page SEO작업이 필요하다. 페이지 제목(타이틀 태그)을 잘

달았는지, 설명 요약(메타 디스크립션)이 되어 있는지, 이미지에 대한 설명(Atl 태그)이 있는지, 해당 국가의 언어로 세팅되어 있는지, 제목과 본문이 구분되어 있는지, 콘텐츠는 적정한 길이인지 등 여러 가지 요소들을 검색엔진 입맛에 맞춰 작업해 주면, 상위 랭크에 올라갈 확률이 높아진다.

Technical SEO "잘 수집할 수 있게"	On-Page SEO "쉽게 이해시켜 주는"	Off-Page SEO "연결링크 생성"
사이트맵 보안프로토콜 에러페이지 웹사이트 속도 모바일 친화 등	사이트 콘텐츠 타이틀 태그 & 메타 디스크립션 Image Alt 텍스트 Internal Link PDF Meta Data H Tag 최적화 등	SNS 포스팅 블로그 링크 카카오톡 링크 인스타 해시태그 유튜브 링크 등

▲ 그림 1-10. SEO 구분

특히 이들 중 타이틀 태그(사이트 핵심 키워드와 짧은 설명)와 메타 디스크립션(추가 설명, 요약)은 직접적으로 검색 결과에 노출되는 간판으로, 적정 길이에 맞춰 매력적인 워딩 작업이 필요한 가장 중요한 부분이다. 일단 눈에 띄고 충실하게 알려주고 들어오게 해야 홍보를 하든, 장사를 하든 뭘 할 수 있지 않을 것인가. 당연한 요소지만 생각 외로 이런 기본 요소를 빼놓은 채로 웹사이트를 오픈한 사이트들이 꽤 많다.

아래와 같이 기업용 커피 머신을 검색할 때 나오는 사이트 'officecafe.co.kr'에서 보여지는 타이틀 태그는 '오피스 카페 | 기업 맞춤 원두커피 솔루션을 제공하는 B2B 커피'이고, 메타 디스크립션은 '오피스 카페 렌탈 서비스. 기업의 다양한 환경에 적합한 최적의 에스프레소 커피 머신'으로 추가적인 설명을 해준다.

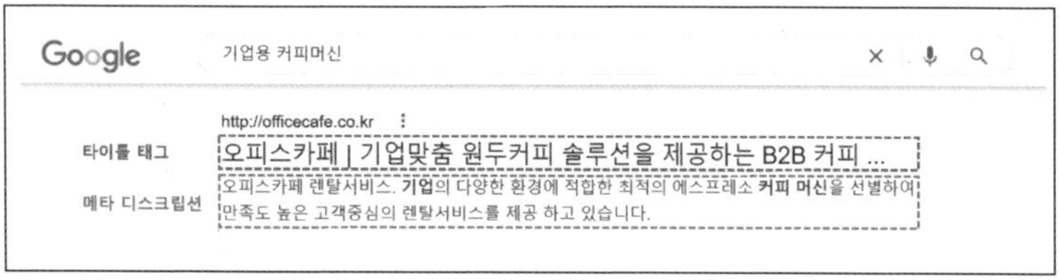

▲ 그림 1-11. 구글에서 기업용 커피 머신 검색시 나오는 타이틀태그와 메타 디스크립션 사례

좀 더 쉽게 거리에서 흔히 보는 빨래방에 비유해 보면 [그림 1-12]처럼 'Eco 클린 빨래방 24시'는 타이틀 태그가 되고, '신개념 24시간 셀프 빨래방, Eco 클린 빨래방 24시, 세균 OUT' 등은 메타 디스크립션의 역할을 한다.

▲ 그림 1-12. 빨래방을 예시로 본 타이틀태그와 메타 디스크립션 사례

   [그림 1-13]에서 보듯이 네이버의 예를 들면 네스프레소의 타이틀 태그는 '커피 머신 주문ㅣ기업용 커피 머신ㅣ네스프레소 프로페셔널', 메타 디스크립션은 '당신의 비즈니스를 위한 네스프레소의 다양한 기업용 커피 머신을 주문하고 즐거운 커피 경험을 느껴보세요. Nespresso 기업용 캡슐커피 & 커피 머신으로 프리미엄 커피 모먼트를 완성하세요.'이다.

▲ 그림 1-13. 네이버 기업용 커피 머신 검색시 나오는 타이틀태그와 메타 디스크립션 사례

여기서 잠깐 워딩 작업에 팁을 드리면, 경쟁사 키워드 분석과 고객들의 검색 데이터를 조사해서 잘 반영하는 게 중요하다. 특히 검색 데이터는 고객의 의도를 가장 분명하게 보여주는 데이터로 정확한 고객의 인텐트 파악이 가능하기 때문에 클릭률 높은 워딩 구축에 활용될 수 있다. 따라서 이 모든 것을 제대로 갖춰 SEO를 구축하려면 시간도 많이 걸리고 비용도 상당하다. 실제로 해외 유명 SEO 에이전시들과 작업을 해보면 키워드 한 줄에 몇 백만 원을 청구하기도 한다. 물론 비용을 투자해 제대로 구축하는 게 좋겠지만, 여력이 안 된다면 최소한 구글 트렌드나 구글 서치콘솔, 네이버의 경우에는 네이버 트렌드 등을 활용해 최근 몇 년간의 키워드 트렌드 등을 파악하는 노력은 반드시 필요하다.

이외에도 네이버의 경우에는 블로그나 까페에 글을 포스팅할 때 해시태그를 통한 키워드를 반영해 검색 결과에 도움을 줄 수 있다. 단, 글과 정말 잘 어울리는 적절한 반영은 어느 정도 도움이 되나, 두서없는 과다 나열은 어뷰징*으로 간주되어 품질지수에 악영향을 미칠 수 있으니 딱 적당한 정도로만 사용하자.

● **어뷰징**: 의도적으로 검색을 통한 클릭 수를 늘리기 위해 동일한 제목의 글을 지속적으로 전송하는 행위

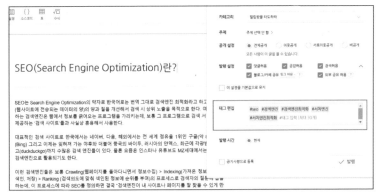

▲ 그림 1-14. 네이버 블로그 작성시 태그 반영 예시

특히 B2B 사이트는 고객을 위해 많은 자료(회사 소개서, 레퍼런스 등)들을 PDF로 제작해서 홈페이지에 올려놓고 다운받을 수 있게 하는데, PDF Meta data는 이런 PDF 자료가 잘 검색될 수 있도록 사전에 PDF 파일에 타이틀, 저자, 주제, 키워드 등을 미리 입력해 놓는 게 중요하다[그림1-15].

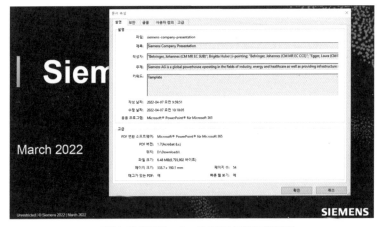

▲ 그림 1-15. PDF Meta Data가 제대로 반영된 파일 예시

Image Alt 텍스트는 HTML 페이지 내 삽입되는 이미지에 추가되는 텍스트로, 웹페이지 이미지를 설명하는 역할을 한다. 이 텍스트는 시각 장애가 있는 사용자가 웹사이트의 내용을 이해하도록 도와주고, 또한 검색엔진 로봇이 사이트를 크롤링할 때 이미지를 해석하는 데 사용한다. 따라서 웹 접근성* 향상과 최적화에 적잖은 도움을 준다. 이미지 검색은 계속해서 사용량이 증가하고 있고, 특히 구글 이미지 검색은 전 세계에서 두 번째로 많이 사용되는 검색엔진으로 조사됐다.

이후 SEO 작업이 제대로 됐는지 모니터링이 필요할 때는 Crome Webstore에서 SEO 툴을 검색한 후 Open SEO Stats을 설치해 테스트해 보기를 권한다. [그림 1-16]의 예시처럼 사이트 정보, 페이지 내 기본 요소가 제대로 갖춰져 있는지부터 대략적인 트래픽 순위까지 간단하게 보여준다.

● **웹 접근성**: 장애인이나 고령자는 물론 인터넷 사용이 불편한 자들이 웹사이트에서 제공하는 정보를 비장애인과 동등하게 접근하고 활용할 수 있도록 하자는 개념이다. 국내에서도 장애인 차별 금지법을 단계적으로 적용하면서 2013년 4월 11일 이후 모든 공공기관과 법인의 웹사이트에서 웹 접근성 준수가 의무화됐다.

▲ 그림 1-16. Image ALT Text가 제대로 반영된 사무가구 웹페이지 예시

마지막으로 웹페이지 외부에서 작업하는 활동들로 우리 웹페이지로의 연결 링크(전문용어로 Backlink) 생성이 주목 적인 Off-page SEO가 있다. 다른 URL 연결이 포함된 SNS 포스팅과 블로그, 카카오톡, 인스타 해시태그, 유튜브 영상 내 링크, 심지어 QR코드도 일종의 Backlink로 단기간 유입 률을 높이는 데 효과가 있어 에이전시들이 가장 많이 쓰는 방법이다.

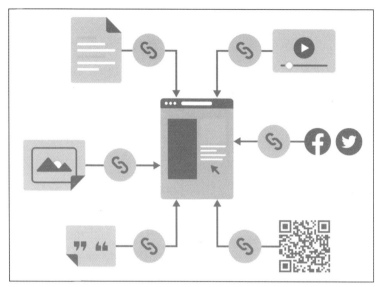

▲ 그림 1-17. 다양한 Backlink 종류들

Simple is the best, 핵심만 담은 콘텐츠로 승부하라! ⋮

검색엔진 입맛에 맞춘 필수적이고 기본적인 작업들이 끝나고 나면, SEO에서 가장 중요한 파트인 콘텐츠에 대한 고민을 본격적으로 해야 한다.

어떤 관심 분야를 찾기 위해 서치 엔진을 검색하다 보면 유독 자주 찾게 되는 사이트가 몇 개로 추려진다. 맛집은 굳이 홍보를 안 해도 어떻게든 수소문해서 찾아오듯이 검색자가 원하는 질문에 적절한 답이 돼 주는 좋은 콘텐츠가 있는 웹사이트는 제 발로 고객을 찾아오게 만든다.

대부분의 검색엔진들은 공식적으로 검색 알고리즘에 대해서 밝히지는 않았지만, 많은 전문가들의 연구와 노력으로 찾아낸 결과를 보면, 랭킹에 가장 중요한 영향을 미치는 요소는 단연코 콘텐츠다. 여기서 말하는 콘텐츠는 텍스트뿐만 아니라 이미지, 오디오, 영상파일, 추가 애플리케이션 (채팅, VR) 등 웹사이트 내 페이지를 구성하는 모든 요소를 통칭한다. 지금 당장 본인의 브라우저에서 즐겨찾기 해놓은 곳들이나 최근 한 달 동안 본인이 방문한 사이트를 돌아보자. 내가 좋아하고 도움이 되고 관심이 많은 콘텐츠는 굳이 누가 오라고 손짓을 하지 않아도 찾게 된다.

따라서 SEO를 위해서 돈을 주고 전문가를 고용해서 컨설팅을 받는 것보다 먼저, 검색을 하는 고객 입장이 되어 원하는 콘텐츠가 무엇인지 고민하고, 이것을 어떻게 잘 만들고 꾸준히 전달할 것인지에 대한 장기적인 계획이 필요하다.

구글이 주기적으로 내놓는 '서치 품질 가이드라인'을 보면 유저에게 있어 유익한 웹을 평가하는 중요한 기준으로 '콘텐츠의 전문성, 권위 그리고 신뢰성'을 꼽는다. 이제부터는 우리가 자주 찾는 사이트가 이 3가지를 잘 충족하는지 판단해 보자. 나의 경우에는 100% 'YES'다. 내가 처음 글을 올리기 시작한 브런치만 해도 월간 이용자 수MAU, Monthly Active User가 13만 명이나 된다고 한다. 그만큼 이 안에 내가 좋아하고 믿을 수 있는 실력자들의 콘텐츠가 가득하기 때문이 아닐까?

네이버 역시 검색엔진 알고리즘은 극비이지만, 네이버가 공식적으로 내놓는 서치 엔진 최적화 가이드를 통해 콘텐츠의 중요성을 몇 번이나 강조한다.

하지만 대부분의 기업, 특히 B2B는 홈페이지를 만들 때 회사 소개, CEO 인사말, 솔루션 소개, 연락처들만 간단히 작성한다. 그나마 조금 더 잘하는 곳을 살펴보면, 이해를 돕기 위한 영상이나 잘 찍은 자료사진을 올려놓지만, 막상 오픈을 한 이후로는 전혀 관리를 하지 않고 방치해두는 곳이 태반이다. 콘텐츠의 지속적인 생성과 업데이트가 검색엔진 상위 노출의 주요 요소인데, 이 부분을 쉽게 간과하고, 하루에 몇 명이나 방문하는지도 모른 채 그저 필요하다고 하니 서둘러 끝내고 안도의 한숨을 내쉬고 있는 것이다. 이는 네이버 공화국이 만들어낸 부작용이기도 하다. 그래도 다행인 것은 최근에서야 구글의 점유율 상승과 더불어 IT 솔루션, 컨설팅업체, 리서치 기관 등 트렌드에 민감한 회사들 위주로 SEO 및 콘텐츠의 중요성을 알고 홈페이지 내 콘텐츠 보강을 위해 많은 공을 들이고 있다.

"언제 질 좋은 콘텐츠를 만들어서 랭크를 올리겠어?
그냥 SNS 통해서 Backlink나 많이 만들면 되는 거 아냐?"

홈페이지를 방치하는 회사들을 보면 주로 이런 변명으로 일갈하며 콘텐츠의 중요성을 무시하는 곳이 많다. 특히 네이버를 보면 파워블로거나 유튜버, 인스타 프로모션 등을 이용해 흥행몰이를 하는 회사들이 많은데, 이는 SEO 최적화가 아닌 유입을 늘리는 마케팅일 뿐이고, 방문자는 일시 증가하더라도 체류 시간은 뚝 떨어질 것이다. 그렇게 서둘러 처리할 생각이라면, 차라리 그 돈으로 검색 키워드 광고를 하라고 권유하고 싶다. 또한 당연한 결과지만 우리보다 훨씬 똑똑한 구글의 SEO 프로세스에 필터링 되면 랭크가 올라가지도 않는다. 실제 구글 검색 담당 직원은 'Backlink의 단순 숫자는 중요하지 않다'고 밝힌 적이 있다.

B2B SEO의 최종 목적은 단순 방문자 증가가 아닌 잠재 고객을 가망고객으로, 가망고객을 구매 고객으로, 그리고 최종적으로 자주 찾는 단골로 육성해 나가는 것이다. 테크닉이나 기교를 부리지 말고, 기본을 갖추고, 고객을 위한 콘텐츠를 꾸준히 만들고 웹사이트를 내 집처럼 가꾸면, 고객은 저절로 찾아올 것이다.

1-5
콘텐츠를 추앙하라

◆ • • • •

    앞선 장에서 언급했듯이 콘텐츠는 SEO에 있어서 가장 중요한 요소일 뿐만 아니라, 브랜드를 알리고 호감을 만들어 궁극적으로는 가망고객을 끌어들이는 큰 역할을 한다. 일찍이 빌 게이츠는 "인터넷 세상에서는 콘텐츠가 돈을 벌어다 줄 것"이라고 강조했고, "보라빛 소가 온다"로 유명한 마케터 세스 고딘도 "콘텐츠 마케팅만이 유일하게 남은 마케팅이다"라며 콘텐츠의 중요성을 역설했다.

    B2B 마케팅 전문 리서치 기관인 Demand Gen Report의 2021년 B2B 바이어 조사에 따르면, 응답자의 80%가 공급업체의 콘텐츠가 구매 결정에 상당히 긍정적인 영향을 미쳤다고 답했다. 또한 구매 시 정보를 얻기 위해 가장 많이 이용하는 곳을 묻는 질문에 '웹 검색과 공급업체 웹사

이트, 주변 지인'의 순으로 답했다. 그만큼 B2B 고객의 디지털 탐색/구매 친숙도는 더욱 증가했고, 이제 마음만 먹으면 웹상에서 경쟁사들의 정보를 쉽게 접할 수 있는 무한 경쟁이 시작됐다. 그렇기 때문에 의사 결정권자 혹은 인플루언서들과 일대일로 커뮤니케이션할 수단이 중요하고, 고객 구매 여정의 각 단계를 커버할 수 있는 콘텐츠가 중요하다.

최근에 더욱 주목받고 있는 '콘텐츠 마케팅'이라는 용어는 1996년 미국의 저널리즘 콘퍼런스에서 John F. Oppedahl에 의해 처음 언급되었다. 이를 쉽게 설명하면 '고객이 찾고 소비하고 싶어 하는, 또는 고객의 요구사항을 충족시키는 콘텐츠를 만들고, 다양한 채널을 통해 꾸준히 전달하는 일'이다. 예를 들어 에너지 절약에 도움이 되는 효율적인 에어컨을 찾는 빌딩 오너에게는 '실제 해당 에어컨을 사용할 시 전기료가 얼마나 줄어들었는지 알려주는 콘텐츠'가 있어야 하고, 이 콘텐츠가 웹, SNS, 방송, 필요에 따라서는 비즈니스 기내석 VOD에서도 전달될 수 있어야 한다. 물론 콘텐츠가 배포될 환경은 B2C처럼 전방위적인 매스미디어 노출이 아닌, 해당 B2B 고객에 대한 구체적인 프로파일, 즉 페르소나 및 그들의 니즈에 관련된 채널로 좁혀야 할 것이다. '페르소나Persona'란 고대 그리스 가면극에서 배우들이 사용했던 가면을 말하는데, 마케팅에서는 이 단어를 '우리 제품/서비스를 구매할 가능성이 높은 고객의 유형 또는 고객을 대표하는 가상의 인물'을 지칭한다. 당연한 얘기지만 고객이 누군지 자세히 알면 알수록 '무엇을 원하는지, 어디에 관심이 있는지, 어디를 주로 찾는지'에 대한 답은 쉽게 찾을 수 있다.

이름: 김사장
나이: 58세
직업: 빌딩 오너(건물주)
관심사: 골프, 재테크
가족관계: 부인, 아들 1명

주요 정보채널

신문: 한국경제, 매일경제, 대한경제
유튜브: 갠지골프, 머니 인사이드
구독서비스: SERI CEO, 넷플릭스
방송: 한국경제TV, SBS 골프
잡지: 이코노미스트

학교 및 교육 수준

고등학교: 서울 대진고
대학교: 한양대 경제학과
대학원: 뉴욕주립대 경영학 석사

구매 행동 및 특징

젊은 나이에 부동산으로 성공한 사업가로 신중하면서도 간혹 충동적인 면이 있음

고민사항

김사장은 분당에 위치한 10년 된 15층짜리 사무용 빌딩을 갖고 있습니다. 그의 빌딩에 입주한 기업들은 대부분 스타트업 회사인데, 최근 국내 경기침체 및 수요 감소로 많은 스타트업들이 위기를 극복하지 못하고 파산하여 최근까지 전체 15층 중 5층의 사무실이 공실로 남아 있어 고민이 많습니다.

꾸준히 입주를 희망하는 회사들이 매물을 보러 왔지만, 매번 근처 다른 빌딩들에게 고객을 빼앗기고 있습니다. 임대료 수준은 주변 빌딩들과 모두 유사한 수준이지만, 문제는 빌딩 환경과 입주자들의 운영 비용입니다. 지은지 10년이 지난 빌딩이기 때문에 최근 지어진 쾌적한 환경과 입주사가 지불해야할 에너지 비용까지 절감해주는 스마트 시설을 제공하는 빌딩들을 이기기 어렵습니다.

사용자 맞춤형 서비스를 제공하여 업무 효율성을 높이는 스마트 오피스의 트렌드에 따라, 김사장도 첨단 설비를 갖춘 멋진 사무 공간을 제공하고 싶지만, 리노베이션 비용이 만만치 않아 고민 중입니다. 지금 그는 어떻게하면 설치 비용을 최소화하면서 최첨단 시스템을 갖춘 사무실을 만들지 고민입니다.

고객의 니즈

낮은 비용으로 주변 빌딩 못지 않은 사무공간 솔루션 구축
입주사가 원하는 근무 환경 및 에너지 비용 효율성 제고
첨단 설비를 갖춘 사무환경으로 빌딩 가치 제고

▲ 그림 1-18. 사무공간 솔루션을 찾는 B2B Buyer 프로파일 예시

콘텐츠는 단순히 카탈로그, 소개서 등 고전적인 인쇄물 형태뿐만 아니라 사진, 영상, 그림, 블로그, 음악 등 다양

한 형태로 제작될 수 있으며, 디지털 시대에 맞게 온라인 환경에 최적화되어 더욱 많이 전달, 확산되고 있다. 하지만 무엇보다 중요한 것은 콘텐츠가 '얼마나 내게 와닿느냐'이다. 단순히 관심을 끌기 위한 화려한 디자인이나 과장된 문구들로 도배된 사이트에 들어가 보면, 실제로는 내용 없는 빈껍데기만 존재하는 콘텐츠가 정말 많다. 고객이 정말 공감할 수 있는, 양질의 콘텐츠는 여전히 부족한 실정이다.

B2B 구매 의사 결정권자들은 똑똑하고 보수적이다. 화려하지만 애매하고 추상적인 콘텐츠보다는 정확하고 직관적인 그리고 객관적인 콘텐츠를 선호한다. 자신의 잘난 점을 혼자만 끽하고 아무리 떠들어도 고객은 들어주지 않는다. **어떤 부분에서 고객의 문제를 해결해 줄 수 있는지, 경쟁사보다 우위에 있는 것은 무엇인지, 과연 우리 제품이 신뢰할 수 있는 제품, 서비스인지 등이 포함된 콘텐츠가 전달되어야 한다.**

▌적재적소에 맞춤 가능한 B2B 선행 영업 콘텐츠 ⦂

B2C만큼은 아니지만 B2B 역시 제대로 된 선행 영업을 위해서는 상품, 서비스에 대한 소개부터 실제 사례를 담은 레

퍼런스 등의 자료가 기본적으로 제작되어 있어야 한다. 물론 비즈니스의 성격에 따라 필요한 자료들의 차이는 있지만, 공통적으로 꼭 필요한 자료들은 대동소이하다.

제작의 형태는 그 성격이나 필요에 따라 인쇄물과 디지털 형태로 제공되는데, 요즘은 디지털이 메인으로 보통 홈페이지에 e-book 타입이나 다운로드해서 볼 수 있게 PDF 형태로도 많이 올려놓는다. 이외에 인쇄 책자의 형태는 미팅, 행사나 전시 등 고객을 만나는 자리에서 주로 활용한다.

다음은 선행 영업을 위한 몇 가지 자료들이다.

Company Profile(회사 소개서): 회사 및 사업에 대한 전반적인 내용을 고객에게 쉽고, 효과적으로 전달하고 공유하기 위해 제작한 가장 기본적인 소개 자료다. 회사를 대표하는 첫인상이니 만큼 적잖은 비용과 노력을 들여 제작한다. 우리나라에서는 많은 경우 브로슈어와 혼용해서 사용하는 경우가 많은데, 엄격하게 구분하면 브로슈어는 보통 접지 방식으로 평균 4~6페이지 내외로 주로 서비스나 상품의 핵심 내용만 전달한다. 이에 반해 Company Profile은 회사의 역사, 전략, 경영현황, 주요 비즈니스 등을 한눈에 이해할 수 있게 도와준다.

▲ 그림 1-19. PR 컨설팅 '시너지 힐앤놀튼 코리아' Company Profile

[그림 1-19]에서 보듯이 PR 컨설팅 기업인 '시너지 힐앤놀튼 코리아'의 Profile은 전형적인 B2B 컨설팅 비즈니스의 교과서적인 포맷을 갖췄다. 'Who we are, What we do, Network, 주요 성과' 등으로 구성하고 적절한 이미지, 텍스트 길이까지 과하지도 덜하지도 않게 적절히 구성했다.

Brochure(브로슈어 혹은 팜플렛): 상품, 서비스에 대한 핵심 내용을 담은 4페이지 가량의 접지 형태의 인쇄물로, 보통 '왜 우리를 선택해야 하는지, 어떤 가치를 고객에게 제공할 수 있는지, 어떤 경쟁력이 있는지' 등의 내용을 담아 제작한다. 이런 형태는 박물관이나 전시회에 가면 흔히 볼 수 있다. 리플릿(국내에서는 전단지라고 칭함)과 그 목적이 같아 많이 혼용해서 쓰는데, 간단하게 1장이면 리플릿(외국에서는 flyer라고도 함), 그 이상 페이지로 접히면 브로슈어라고 부르는 게 맞다. 주목적이 무료배포이기 때문에 B2B 비즈니스에서는 예전처럼 많이 쓰지는 않지만, 다수의 고객들을 만나는 전시회나 박람회, 세미나 등에서 많이 활용한다.

▲ 그림 1-20. 'NAVER 클라우드' 서비스 브로슈어

네이버 클라우드는 3W(What: 클라우드는 무엇인지, Why: 왜 네이버인지, Where: 어디서 쓰고 있는지)에 맞춰 각 서비스별, 산업별로 다양한 브로슈어를 제작해 고객미팅과 세미나에서 요긴하게 사용하고 있다[그림 1-20].

Catalogue(카탈로그): 주로 상품에 대한 상세 안내 소개서로 브로슈어와는 달리 자세한 상품 설명과 특징, 이미지, 가격, 세부 스펙 등을 담고 있어 페이지가 훨씬 많다. 기업용 사무가구 '퍼시스'의 카탈로그에는 사무공간별로 제공하는 다양한 가구 타입과 특징, 그리고 가능한 색상, 사이즈 등이 제공된다. 다양한 라인업이 준비되어 있어 페이지 수는 생각보다 많지만, 공간별 적절한 사진과 디자인 구성 등을 꽤나 많이 신경 쓴 카탈로그의 모범 케이스로 꼽힌다.

▲ 그림 1-21. '퍼시스' 사무가구 카탈로그

Reference(레퍼런스): 자사의 상품이나 서비스를 이미 사용하고 있는 고객사 리스팅 자료로 B2B 비즈니스에 있어 가장 중요한 자료다. 이 자료가 B2B 비즈니스에서 핵심적인 이유는 자사의 제품이 삼성이나 SK 같은 대기업에서 이미 오래전부터 사용되고 있다는 것이 고객에게 알려지면 회사의 신뢰감이 급격히 상승하기 때문이다. 홈페이지가 정보 채널로 가장 중요한 요소로 자리매김하면서, 최근에는 많은 기업들이 홈페이지에 레퍼런스를 주요 비즈니스 카테고리별로 나눠서 올려놓거나 제조사나 설치 비즈니스는 실제 레퍼런스 사진을 업로드해 신뢰감을 상승시킨다.

기업용 고객 상담 전문 솔루션 서비스를 지원하는 '해피톡'은 2만여 곳이 넘는 기업들의 상담 자동화를 지원하는 레퍼런스를 각 업종별로 일목요연하게 정리해 홈페이지에 소개한다[그림 1-22].

▲ 그림 1-22. 기업용 고객상담 솔루션 해피톡 레퍼런스

Case Study (케이스 스터디): 레퍼런스가 간단한 고객사 명과 로고 등으로만 구성된다면, 케이스 스터디는 스토리텔링 기반(Background > Challenge > Solution > Outcome)으로 고객의 불편함 혹은 needs를 어떤 솔루션으로 어떻게 해결했는지에 대한 자세한 내용과 실제 고객의 인터뷰, 다양한 앵글의 사진, 그래프 등으로 구성해 제공한다[그림 1-23].

국내 전자업계의 1, 2위를 다투는 LG전자는 상업용 중앙공조 시스템에서도 국내 1위를 차지하고 있다. 종합병원이나, 쇼핑몰과 같은 대형 상업시설에서는 주택용 전기와 달리 계절과 시간대별로 요금이 달라지는 '피크타임 요금제'가 적용되는데, 부하가 가장 많은 여름철 낮 시간에는 요금이 2배 이상 비싸진다. 이로 인해 기업들은 효율적인 운용방법을 찾는 것이 무엇보다 중요한데, 에너지 효율이 좋은 터보 냉동기를 메인으로 사용하고, 전기료가 비싸고 가스비가 저렴한 여름 낮에는 전기 의존도가 낮은 흡수식 냉동기를 가동해 운영 비용을 절감한다는 케이스를 알기 쉽게 설명했다[그림 1-23]. 또한 최근에는 좀 더 생동감을 주고, 다양한 미디어 노출을 위해 관련 케이스를 영상으로도 다수 제작하고 있다[그림 1-24].

▲ 그림 1-23. LG전자 냉난방시스템 Case Study

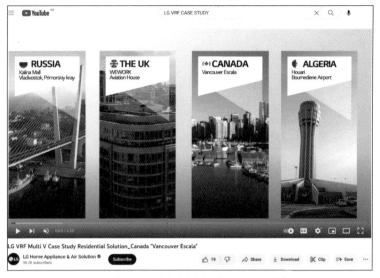

▲ 그림 1-24. LG전자 냉난방시스템 Case Study 영상

이들 자료 중 레퍼런스와 케이스 스터디는 적은 비용으로 가장 큰 효과를 볼 수 있는 자료들이다. 영상 촬영은 예전에는 부담스러울 정도로 큰 비용이 들었지만, 요즘은 스마트폰이나 소형 카메라만 있으면 직접 촬영하고 (드론은 안타깝게도 조금 어렵다) 편집만 전문가에게 맡겨도 수준급으로 만들 수 있다.

중요한 건 사이트가 '고객의 시선을 끌만한 상징적인 랜드마크인지'와 '스토리가 고객에게 도움이 되는 내용인지'이다. 특히 영상소스는 한번 만들어 놓으면 다양한 포맷으로 편집해서 SNS나 광고 등에도 추가 활용이 가능한 소위 'One source multi use' 자료로 인기가 높다.

세계에서 가장 핫한 B2B 콘텐츠들의 인기 비결 :

1) 업계 전문가를 활용해 콘텐츠의 신뢰를 더한다

2018년, 마케팅 자동화 솔루션 업체인 '마케토'를 인수한 어도비는 유명 현업 CMO^{Chief Marketing Officer}들의 글을 큐레이션한 'cmo.marketo.com'이라는 블로그를 운영 중이다. '마케토'는 Microsoft, 아마존, 삼성전자 등 글로벌 기업들이 이메일 마케팅, 웨비나, 마케팅 채널 통합, 고객 이력 관리 등에 활용하는 솔루션으로, 어도비는 마케토를 기반으로 업계의 인플루언서이자 전문가들의 글을 이용해 자연스럽게 고객의 관심을 끌어들이고, 가망고객을 육성하는 장기적인 콘텐츠 허브로 블로그를 육성, 발전시키고 있다. 세계 최대 비즈니스 플랫폼 'Linkedin' 역시 마케팅 전문가들을 활용한 블로그를 운영하면서 헤드헌팅, 광고판매, 온라인 클래스 등의 다양한 분야에서 Lead를 끌어들이고 있다.

2) 혁신적이고 재밌는 스토리로 고객을 찐팬으로

글로벌 선도 디지털 산업이자, 제조기업인 GE는 B2B 콘텐츠 마케팅의 리더로 엄청난 팬을 보유하고 있다. 페이스북 218만 명, 인스타 45만 명, 유튜브 22만 명 그리고 GE리포트(GE브랜드 고유의 스토리를 담은 매거진) 수백만 명의 독자를 유치하고 있다. 또한, GE브리프 뉴스레터는 5만 5천 명의 구독자가 열광적인 관심을 보인다. 브랜드 저널리즘이라고 널리 알려져 있는 GE의 브랜딩 전략에 대해서는 브랜딩 파트에서 좀 더 다루겠지만, GE코리아의 커뮤니케이션 담당자는 GE리포트를 통해 '브랜드 저널리즘'을 아래와 같이 정의했다.

> "브랜드 저널리즘은 마케팅과 미디어를 접목해 기업이 직접 정보를 제공하고 소통하는 전략으로, GE리포트 뿐만 아니라 다양한 채널을 통해 GE의 혁신 스토리와 미래에 대한 비전을 대중과 공유하고 소통한다."

GE는 이처럼 에너지, 항공, 전력, 헬스케어 등 다양한 분야의 미래지향적 기술혁신 스토리를 쉽고 참신하게 풀어내는 훌륭한 스토리텔러로 꼽힌다. 자신의 이야기를 하지만 궁극적으로는 고객을 돕고, 사회를 이롭게 하는 사회적 가치에 충실하기 때문에 더욱더 소비자들의 뜨거운 공감을 불러일으키는 것이다.

이들이 만드는 콘텐츠는 단순히 텍스트나 동영상, 사진에서 끝나지 않는다. 인포그래픽과 인터뷰를 삽입하는 등 다양한 제작형식이 동원되고, 제작자 역시 전문 촬영기사뿐만 아니라 다양한 분야의 내부 직원, 사진가 등이 참여한다.

무엇보다 GE 콘텐츠의 최대 강점은 아무리 어려운 내용도 쉽게 풀어낸다는 것이다. 뮤지션과 손을 잡고 공장과 연구소 등에 설치된 수많은 기계들의 작동 소리들을 모아 테크노음악으로 만들기도 하고, GE의 주요 산업 시설을 드론과 스마트폰으로 생중계하기도 한다. 또 사진작가를 고용해 역동적인 현장의 모습을 찍어 공유하고, 직원들이 직접 본인들의 업무를 간단하게 소개해주는 Short 비디오까지 제공한다[그림 1-25]. 이처럼 너무나 많은, 또한 다양하고 흥미로운 콘텐츠들을 접한 고객들은 호기심에서 시작해 결국 찐 팬이 될 수밖에 없다. 130년 이상 지속 성장해온 1등 기업의 콘텐츠의 크리에이티브에는 한계가 없는 것이다.

▲그림 1-25. GE Aviation 직원이 세계에서 가장 크고 강력한 상업용 제트 엔진 GE9X를 설계, 조립하는 방법을 소개하는 숏영상 (출처: GE유튜브 youtube.com/ge)

3) 고객의 문제를 해결해 주는 'The power of content'

콘텐츠가 가져야 할 가장 큰 경쟁력은 고객의 문제를 해결해 줄 수 있는 'Problem solving'이다. 대표적인 B2B 비즈니스인 철강 유통시장은 대단히 보수적인 곳으로 아직도 전화, 팩스 등 전통적인 방식을 통해 거래가 이뤄진다. 온라인에 익숙하지 않은, 상대적으로 높은 연령층이 주 고객이라는 특성도 있지만, 오랫동안 고수되어온 관행이 깨지지 않고 있기 때문이다. 그런데 고집스럽게 자신들의 체계를 고수해온 철강계에 이변이 일어났다. 바로 '스틸1번가'가 그 문제 해결의 주인공이다.

제철회사에서 철을 구매한 후 2차 수요자(중소 건설사, 인테리어업체, 시멘트 회사, 개인 건축주 등)에게 판매하는 철강 유통 기업 '스틸1번가'는 2018년 국내 철강 시장에 첫 온라인 쇼핑몰을 선보이며 시장에 파란을 일으켰다. 이 회사의 일평균 사이트 방문자는 1천 명 이상으로, 지난해까지 연평균 250%의 성장률을 기록하며 승승장구하고 있다.

스틸1번가가 수직 상승할 수 있었던 큰 이유 중 하나는 그동안 쉬쉬하고 깜깜이로 숨겨왔던 철근의 1차 유통가격을 매일같이 오픈하고 업데이트해 주는 정보 채널 때문이다[그림1-26]. 이 채널은 소비자들이 늘 궁금해하던 사항을 한방에 해결해 주는 속 시원한 콘텐츠로 입소문이 났다. 철은 A사는 천원, B사는 천 2백 원, C사는 9백 원으로 판매가가 천차만별이라 미리 시세를 비교하지 못하면 구매시 손해를 보는 일이 많았는데, 이제는 스틸1번가의 홈페이지를 보고 시세를 확인한 뒤 거래를 시작하는 게 시장의 관행이 됐다. 덕분에 매일매일 엄청난 고객을 홈페이지로 끌어들이며 회사의 매출은 고공 성장하고 있다. 스틸1번가에 대해서는 뒤에서 조금 더 자세히 설명할 예정이다.

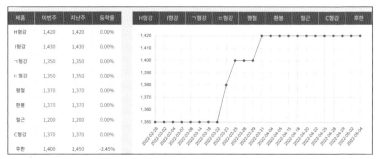

▲그림 1-26. 스틸1번가 Self 견적바 및 제품 시세표

4) 업계 최고 전문가로 공신력을 높인다

'화이트 페이퍼'는 원래 정부가 특정 사안이나 주제에 대해서 조사한 결과를 정리해 보고하는 문서로 시작했다. B2B 마케팅에서는 고객 및 다양한 이해관계자에게 제품과 서비스에 대한 유용한 정보를 제공하기 위해서 심도 있는 연구와, 공신력 있는 전문가 등의 의견을 녹여 논리적으로 작성한 보고서로 유명하다. 글로벌 회계, 세무, 경영 컨설팅 펌인 '딜로이트'는 분기별로 시의적절하고 유의미한 글로벌 비즈니스 이슈와 연구자료를 기업의 Opinion Leader(최종 결정권자)들에게 제공하면서 중장기적으로 의미 있는 관계를 구축한다.

▲그림 1-27. 딜로이트 인사이트 리포트
(출처:딜로이트 인사이트 https://www2.deloitte.com/kr/ko/pages/insights/)

GE 역시 각 비즈니스별로 대단히 심도 있는 백서를 발간하는 것으로 유명하다. GE의 주요 사업 중 하나인 가스 파워의 경우, 긴급한 기후변화에 대응해 가스발전이 저탄소 미래 사회의 전력을 공급하는 데 어떻게 도움을 줄 수 있는지 '에너지의 미래'라는 제목의 백서로 굉장히 심도 있게 자세히 설명한다[그림 1-28].

▲그림 1-28 GE 리포트 (출처 : GE리포트 코리아 https://www.gereports.kr)

5) 미디어를 운영해 비즈니스 고객의 마음을 사로잡는다

글로벌 CRM 솔루션 기업인 '세일즈포스'는 2021년 '비즈니스계의 넷플릭스가 되겠다'는 목표로 온라인 동영상 스트리밍 서비스 OTT인 '세일즈포스 플러스'를 오픈했다. 세일즈포스

플러스는 비즈니스 사용자만을 위한 라이브 주문형 콘텐츠를 제공하는 스트리밍 서비스로, 유명한 기업가, 창업가, 혹은 임원진들의 인생 스토리와 인터뷰, 그리고 디지털 산업, 트렌드 등을 넷플릭스 구성을 차용해 여러 에피소드로 제작해 서비스 중이다[그림 1-29]. 이는 세일즈포스의 솔루션 유료 고객들만이 100% 이용할 수 있어, 철저하게 기존 고객에 대한 서비스로 꼽힌다. 이와 같은 로얄티 제공을 통해 관계 강화와 더불어 새로운 고객을 발굴하겠다는 전략이다.

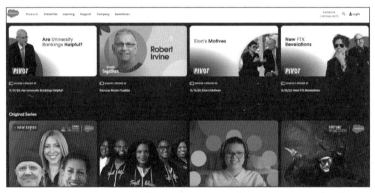

▲그림 1-29. 세일즈포스 플러스 (출처: 세일즈포스 https://www.salesforce.com/plus/)

세계적인 엔지니어링 기업인 '지멘스' 또한 차세대 디지털 인재 양성 및 미래 고객을 키우기 위해 혁신기술과 다양한 엔지니어링 교육 등을 주제로 오디오 콘텐츠인 팟캐스트를 운영 중이다.

지멘스 '교실에서 혁신을 실현하다'라는 팟캐스트 시리즈의 다양한 주제들

- 미래 엔지니어의 관심사
- 교육 현장의 변화를 주도하기 위해 실용적 사례와 실제 애플리케이션을 통합하는 방법
- 미래 엔지니어가 Siemens에서의 실제 경험을 활용해 교육 경험과 졸업 후 취직 기회를 향상시키는 방법
- 우수 교육 기관이 혁신을 통해 재학생을 미래 로봇 엔지니어로 양성하고 취업 역량을 강화하는 방법
- 미국 퍼듀 대학교가 다학제 엔지니어링 프로그램으로 기술 격차를 해소한 방법

6) 버추얼 쇼룸으로 고객과 소통하며 간접경험 제공

국내 소재·부품 기업인 'LG이노텍'은 B2B 기업이지만, 소비자들에게 보다 가깝게 다가가기 위해 최우선 접점인 홈페이지를 '마케팅 콘텐츠 허브'로 개편했다. 이는 일반 소비자, 잠재 채용 인재, 투자자, 협력사, 고객사 등 모든 방문자와 소통을 확대하기 위함으로, 기존의 딱딱하고 틀에 박힌 홈페이지가 아닌, 기업의 역사와 신제품, 신기술을 소개하는 '버추얼(가상) 쇼룸'을 구축했다. 특히 LG이노텍의 신제품과 기술을 체험하는 인터랙션(상호작용) 기반의 도슨트 투어는

마치 고객들이 박물관이나 전시관에 온 것처럼 쉽게 제품과 솔루션의 간접경험을 하도록 돕는다. 또한 데스크톱뿐만 아니라 모바일로도 쉽게 접근할 수 있도록 고민한 노력이 보인다.

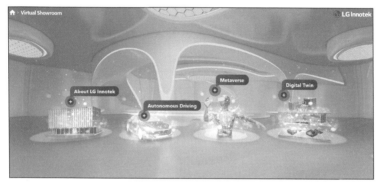

▲그림 1-30. LG이노텍 버추얼 쇼룸 (출처: https://lginnotek-virtualshowroom.com/)

7) 사무환경 전문 매거진 발간을 통한 1등 브랜드 리더십 구축

국내의 대표 사무환경 전문 기업인 '퍼시스'는 2016년부터 '좋은 사무환경이 문화를 만든다'는 철학 아래 업계 최초의 사무환경 전문 매거진 〈오피스 위 러브 Office we love〉를 종이책과 전자책으로 각각 꾸준히 발행해 오고 있다[그림 1-31].

매거진은 사무환경의 변화를 이끄는 큰 흐름인 오피스 트렌드 변화와 인사이트, 실제 기업 사례 등 실용적인 정보를 담아 사무환경에 관심이 많은 경영진과 실무진의 큰 호응을 얻고 있다. 이 외에도 다양한 실험과 해외 사례 등을 담은 단행

본들을 꾸준히 출간하면서, 오피스 환경 개선을 계획하는 많은 기업들이 고려하는 1순위 브랜드로 깊게 각인되어 있다. 특히 코로나 팬데믹을 겪으면서 많은 사람들의 디지털 환경에 대한 피로도가 증가해, 컴퓨터나 휴대폰 속 전자책이 아닌 실제 도서가 주는 촉감을 그리워하는 환경도 〈오피스 위 러브〉 매거진이 인기를 끈 하나의 요인이 되었다.

▲그림 1-31. OFFICE WE LOVE 매거진

앞에서 우리는 콘텐츠 마케팅을 '고객이 찾고 소비하고 싶어 하는, 또는 고객의 당면과제를 충족시키는 콘텐츠를 만들고, 다양한 채널을 통해 꾸준히 전달하는 일이다'라고 정의했다. 여기서 '꾸준히'라는 단어가 들어간 데는 그만큼 콘텐츠 마케팅이 부단한 노력과 의지가 필요한 일이기 때문이다.

대부분의 B2B 기업에서 콘텐츠 마케팅이 실패하는 이유는 항상 시도는 하지만, 만족할 만한 성과가 단기간에 나오지 않으면 중도 포기하기 때문이다. 물론 눈에 띄는 콘텐츠 하나로 잠깐 반짝할 수는 있다. B2C의 경우에는 그렇게 잠깐 히트상품이 되면 대박 매출로 이어질 수도 있지만, 장기적인 유지와 신뢰관계가 필요한 B2B 비즈니스에서는 궁극적인 매출로 이어지기는 힘들다.

콘텐츠 마케팅은 마라톤과 같다. 강력한 경영진의 의지와 마케팅팀의 부단한 설득과 노력, 그리고 조직의 지원이 최고의 콘텐츠를 만들어내고 결국 고객의 마음을 사로잡는다.

2장.

누가 뭐래도 B2B는
'Body to Body'지

B2B 기업의 참가 목적은 잠재 고객, 즉 Lead 발굴과 기존 고객과의 네트워킹 강화다. B2B 비즈니스의 전시회에 찾아오는 고객들은 그냥 Lead도 아니고 세일즈로 이어질 확률이 높은 의사 결정권자들이 많기 때문에 부스 유입과 상담을 통한 가망고객 Profile 확보, 더 나아가서는 구체적인 2차 미팅 약속까지 받아내기 위한 플랜을 짜야 한다.

2-1
세미나는 가장 파워풀한
B2B 마케팅 툴

• ◆ • • •

세미나를 모르는 사람은 없을 것이다. 굳이 마케팅계에
종사하지 않더라도 어디든 세미나를 개최하는 행사를 많이
봐온 탓이다. 그런데 이렇게 흔한 마케팅 방법 중 하나인 세
미나가 B2B 마케팅에서 가장 파워풀하다는 걸 아는 사람이
얼마나 될까?

'세미나'는 타깃 고객, 즉 구매의 결정권 혹은 영향력을 가
진 Key right person들을 한자리에서 만날 수 있는 가장 전통
적이면서 강력한 마케팅 행사다. '세미나Seminar'의 어원은 '대
학에서 학생들이 특정한 주제에 대해 토론하고 연구, 발표
하는 교육 방법'에서 시작되었지만, B2B 비즈니스에서의 세
미나는 해당 업종에 대한 전문적인 토픽이나 관련 아젠다를

엮은 발표회나 포멀한 미팅을 일컫는다.

코로나 팬데믹 이후 많은 기업들이 빠르게 디지털 전환을 서두르고 있지만, 아직까지도 B2B 기업들의 마케팅 예산 절반 이상은 고객과 직접 만나는 행사, 그중에서도 특히 세미나에 많은 투자를 한다. 물론 최근에는 세미나를 목적에 따라 웨비나* 같은 온라인으로 전환하는 경우도 있지만, B2B 비즈니스는 역시 'Body to Body'라는 말처럼 여전히 고객과의 성공적인 관계를 만들기 위해 '직접 접촉'을 가장 중요한 덕목으로 꼽는 곳이 이 세계의 불문율이다. 그도 그럴 것이 B2B는 B2C 대비 거래 규모가 크고, 복잡한 의사결정 과정을 거치기 때문에 비대면으로 100% 진행하기에는 아직까지 위험요소가 크다. 따라서 세미나는 미래의 고객사에게 우리 제품과 기술에 대한 다양한 정보와 설명, 사례 등을 제공해 신뢰를 줄 수 있는 매우 효과적인 행사다.

또한 현지 고객사들과의 실제 만남을 통해 우리 제품과 기술이 고객에게 어떤 도움을 주었는지, 쓰면서 불편한 점은 없었는지, 어떻게 개선을 해서 더 도움이 될 수 있는지 등 생생한 대화를 통해 귀중한 피드백을 받아볼 수 있다. 이런 피드백은 온라인상의 5점 척도로 객관화되는 지표보다 더욱

● 웨비나: 웹Web과 세미나seminar의 합성어로 일반적으로 인터넷이 연결된 컴퓨터를 통한 온라인 미팅을 지칭.

신뢰가 높다.

산업별로 다양한 종류의 세미나들이 있지만, B2B 비즈니스 목적에 따라 크게 구분하면, 신규 고객 발굴인 'Lead generation을 위한 행사'와 기존 고객 대상 관계 강화와 추가 사업기회 발굴 즉 'up-sell or cross-sell을 위한 행사'로 나눌 수 있다. 둘의 상이한 목적만큼이나 형태, 주기, 프로그램 등에서도 많은 차이가 난다. 먼저, 신규 고객 발굴을 위한 세미나는 당연한 얘기지만 가망고객들을 최대한 많이 모으는 게 우선이다. 온·오프라인 마케팅 활동 등을 통해 육성된 Lead들, 세일즈 파이프라인 과정에서 최종 Deal에는 실패했지만, 여전히 유효한 Sales Lead, 그리고 기존 고객들의 추천 등을 통해 미래의 가망고객들을 한자리에 모으기만 한다면 일단 반은 성공이다. 그다음은 한정된 시간 내에 어떤 프로그램과 콘텐츠로 이 깐깐한 고객들의 마음을 사로잡을 것인가이다.

보통 구성되는 프로그램은 산업별로 다르지만, 영상 의료 광학기기 'X센서'의 경우에는 '병원이 왜 X센서를 선택해야 하는가?'와 같은 직접적인 테마나 '인공지능 시대의 차세대 광학 센서의 미래' 같은 흥미로운 주제를 선정해서 고객을 유인하고, 상세 프로그램으로 저명한 의학박사를 초청해

Keynote 스피치, 자사 기술의 경쟁력과 노하우 소개, 기계를 도입한 유명 병원들의 다양한 사례, 라이브 데모, 실시간 소통(Q&A)과 같은 콘텐츠를 통해 많은 참여를 이끌어낸다.

두 번째, 기존 고객 대상 관계 강화 및 추가 사업기회 발굴을 위한 세미나는 신규 대상의 세미나보다는 가망고객 초청이 수월하지만, 해당 분야에서 어느 정도 경륜도 있고, 경험도 많은, 소위 전문가들을 초청 진행하는 행사이기 때문에, 장소나 프로그램 콘텐츠의 질이나 초청 게스트 레벨 등에서 좀 더 많은 정성을 기울여야 한다. 또한 이해관계자들 간 관심 분야가 다르기 때문에, 필요에 따라서는 공통 세미나 프로그램과 주제별 프로그램 구성을 달리할 필요도 있다. 특히 기존 고객 간에도 매출이나 로열티가 다른 경우가 많아 VIP 고객의 행사는 의도적으로 일반 고객 행사와 질적인 차이를 두는 경우가 많다. 호텔 체크인 시 우수고객 전담 데스크를 마련한다든가, 갤러리 우수고객 특별 초대전을 진행하는 등, 고객은 이런 세심한 배려에서 심리적인 만족감을 느낀다. 일부 회사들은 항공사나 호텔의 멤버십처럼 매출에 따라 실버, 골드, 플래티넘으로 나눠 장소, 세미나 초청 횟수, 사은 행사, 유명연사의 레벨을 더 세부적으로 구분해 혜택에 차이를 두기도 한다. 이처럼 B2C건 B2B건 비즈

니스에서는 꾸준히 매출을 많이 올려주는 로열티 높은 고객
이 최우선이다.

구분	신규고객 대상	기존고객 대상
목적	Lead generation	관계강화 및 추가 사업기회 발굴
고객별 구분	대체적으로 없음	로열티에 따라 프로그램 구성에 차이를 둠
주요 형태	온오프 병행	오프라인 위주
주기	수시	대규모는 연 1회, 소규모로는 수시
프로그램	회사/제품/솔루션 소개 성공사례 소개, 라이브 데모, Q&A 등	신제품/새로운 솔루션 소개, 유명연사 초청 강연, 신규 파트너십 소개, 주제별 워크숍, 사은 행사 등

▲표 2-1. 병원 대상 의료기기 사례로 본 고객별 세미나 차이

이런 *세미나들을 기획하면서 중요한 점은 어떤 세미나든
지, 일회성이 아닌 장기적인 플랜을 가지고 주기적으로, 또
지속적으로 진행하는 것이다.* 세미나 컨셉을 정의하고 이에
따른 공식적인 타이틀도 짓고, 타깃별로 어떻게 프로그램
을 구성할지, 행사장은 어디로 할지, 어떻게 홍보할지, KPI
는 어떻게 가져가야 할지 하나하나 세밀하게 플래닝을 해야
한다. 1년에 한 번 혹은 그해 성과가 좋을 때를 기념해, 그
동안의 고객 성원에 감사하는 의미로, 근사한 호텔에서 저
녁 식사를 제공하고, 유명인을 불러 초청 강의를 하는 일종
의 접대성 행사는 엄밀히 얘기하면 세미나라고 할 수 없다.

일정한 때가 되면 그 회사의 세미나 초청장이 기다려지고, 올해는 어떤 내용일지, 나한테 어떤 도움을 줄지, 올해 업계 트렌드는 어떤지 또 어떤 신제품을 들고 나올지 등 고객이 호기심을 갖고 궁금하게 만들어야 한다. 그래야만 해당 세미나가 지속적인 생명력을 가지고 고객들의 뇌에 각인되어 '시간 되면'이 아닌, '반드시 참석해야만 하는' 중요한 행사로 기억될 수 있다.

신규 고객 대상 세미나: High quality로 고객을 무장해제 시키는 '세일즈포스'

글로벌 CRM 솔루션 기업인 '세일즈포스'는 2019년 한국 지사 설립 이후 공격적인 마케팅 활동과 영업을 통해 고객수를 꾸준히 늘려왔는데, 특히 세미나를 통한 신규 고객발굴에 많은 공을 기울였다. 매년 정기적으로 진행하는 세미나 외에도 주요 기업의 인플루언서나 Key stakeholder 등을 초청해, 업무 영역별 디지털 혁신 성공 사례와 비결, 라이브 데모 등 알찬 프로그램을 구성해 수시로 다양한 세미나를 개최했다. '세일즈포스'는 이를 통해 Lead를 확보해, 현재 국내 주요 대기업인 현대자동차나 LG그룹뿐만 아니라 다양한 중소기업들의 디지털 혁신을 지원하고 있다[그림 2-1].

▲그림 2-1. '세일즈포스' 세미나

또한 오프라인뿐만 아니라, 온라인을 통해 여러 고객을 대상으로 여러 웨비나를 동시다발적으로 진행하면서 미래 찐팬 만들기에도 큰 공을 들이고 있다[그림 2-2]. 물론 웨비나에 참여하려면 Lead form을 통해 기본 신상정보를 입력하고 제출해야 하지만, 이런 번거로운 과정에도 콘텐츠의 퀄리티가 좋다 보니 많은 이들의 호응을 얻고 있다. 참여한 고객을 대상으로 가방과 같은 경품 이벤트도 함께 진행해 역시 긍정적인 전파에 도움을 주고 있다.

▲ 그림 2-2. '세일즈포스' 웨비나 (출처: https://www.salesforce.com/kr/events/)

국내 공공 클라우드 서비스의 강자로 꼽히는 NHN 클라우드는 주요 고객인 관공서, 병원, 학교 등의 관계자를 대상으로 클라우드 기술 및 도입 성공 사례를 소개하는 정기적인 세미나는 물론, 교육학회 행사, 헬스케어 박람회 등을 후원하며 자연스레 프로그램의 한 세션으로 NHN 클라우드를 소개해 Lead를 발굴하고 있다. 또한 고객이 홈페이지를 통해 매달 다양한 교육과 세미나를 신청하면, 온라인과 오프라인에서 동시에 양질의 콘텐츠를 무료로 수강할 수 있다. 이를 통해 미래의 Lead 양성은 물론, 클라우드 플랫폼 강자로서의 잠재적인 홍보 효과를 톡톡히 누리고 있다.

기존 고객 대상 세미나: 감히 '세계 최고'라 할 수 있는 '다이킨'의 세밀한 서비스

우리가 근무하는 빌딩 오피스나 쇼핑몰, 큰 호텔 같은 중대형 상업시설 등은 보통 설계 시점부터 공기조화(에어컨디셔닝, 환기 등) 시스템 선정이 함께 진행된다. 규모에 따라 다소 차이는 있지만, 큰 쇼핑몰이나 호텔 등에 들어가는 비용은 평균 50억 이상의 규모로 보통 입찰 전후로 많은 공조회사들의 수주전이 벌어진다. 이런 수주전에서는 보통 가격, 제품의 신뢰성, 그리고 에너지 효율이 가장 큰 평가요소가 되는데, 여기서 가격이나 에너지 효율은 명확한 숫자로 표기되기 때문에 객관적인 지표 싸움이지만, 제품의 신뢰성은 다양한 이해관계자들의 주관적인 판단이 많이 개입된다. 특히 제품구매의 최종 결정은 사업시행사가 하지만 관련 건축 시공사, 빌딩 내의 적합한 제품의 설계를 책임지는 컨설턴트, 그리고 실제 제품을 설치, 감리하는 인스톨러까지 다양한 이해관계자들의 추천이나 영향력에 의해 선정이 된다고 해도 과언이 아니다. 이런 까다로운 전문가들이 전 세계에서 항상 우선순위로 추천하는 브랜드가 일본의 '다이킨(Daikin)'이다.

글로벌 No.1 공조 전문 회사인 '다이킨'은 우수한 제품과 기술력 그리고 서비스로 100년 가까이 업계 1위의 아성을 굳게 유지하고 있는 회사로, 일반인들에게는 생소하지만 공조 업계에서는 독보적인 존재다. 전 세계 대부분의 국가(중국과 한국 제외)에서 MS 1위를 달성하고 있는 다이킨의 강점 중 하나는 고객 관계 즉, CRM이 아주 탄탄하게 구성되어 있고, 특히 '기술 세미나'는 이 CRM의 핵심 콘텐츠로 꼽힌다.

다이킨의 기술 세미나는 공조뿐만 아니라 B2B 업계에서도 유명한 것으로 정평이 나 있다. 국가별로 이름의 차이는 있지만, 각각의 이해관계자들의 관심 사항을 디테일하게 분석하여 타깃 맞춤형 세미나를 수시와 정기적으로 제공하면서, 그들만의 강력한 '네트워킹'을 만들어내고 있다. 예를 들어 설계, 기술 총 책임자인 컨설턴트에게는 자사 제품의 설계 가이드와 최근 트렌드 관련 정보를, 시공을 담당하는 인스톨러에게는 설치 관련 팁과 트러블 해결 방법 등을 수시로 세미나를 통해 공유한다. 더불어 시행사나 시공사에게는 최근 해당 국가의 에너지 규제에 대한 업데이트, 향후 예측 관련 컨설팅 등 발 빠른 정보를 제공하면서 업계 전문가로서의 브랜드 포지셔닝을 확고히 해 최종 결정권자로 하여금 결정에 망설임이 없게 Barrier를 사전에 무장해제 시켜버린다.

"The world's No.1 air conditioning company"라는 다소 건방진 슬로건을 감히 쓸 수 있는 이들의 디테일함과 강력한 네트워킹 파워는 경쟁사들이 쉽사리 따라가지 못할 장벽을 만든다.

▲그림 2-3. Daikin 세미나

　제약회사 역시 전통적으로 세미나를 통한 고객 관계 강화 및 신제품 홍보 등에 큰 투자를 하는 업종이다. 특히 의사들을 상대로 자사의 신약 실험 효과에 대한 프레젠테이션과 함께 업계 전문가 초빙, 해당 질병에 대한 최신 트렌드 및 업데이트 자료 등을 공유하며, 지속적인 신뢰감 형성을 노린다. 예전에는 세미나를 핑계로 투어, 골프 등의 접대성 행사가 메인이었지만, 법 제정, 윤리경영, 내부적인 자정 등 사회 청렴의 변화로 인해 요즘은 세미나의 내용과 주제에 심혈을 기울이고, 그에 맞는 명사를 초청하는 등 콘텐츠의 질에 더 많은 공을 들이며 행사내용도 콤팩트하게 구성한다.

세미나의 목적은 궁극적으로 제공하는 회사나 참여하는 거래처 역시 서로 Win-Win이 되어야 한다. 짧게는 저녁 시간부터 길게는 하루 종일, 바쁜 시간을 쪼개서 참석하는 이들에게 도움이 되지 않는다면, 다시는 '시간 낭비'라는 이미지만 주는 해당 회사의 세미나에 참석하지 않을 것이다.

'내가 만약 고객이라면 이 세미나에 참석할 것인가?'

본인에게 되물어 보자. 그리고 고객에게 어떤 'Added value'를 줄 수 있을지 기회비용 측면에서 꼼꼼히 따져봐야 한다.

2-2
첫 해외전시 출장,
실패없는 체크리스트

• ◆ • • •

국제전시 산업협회UFI 자료에 따르면, 전 세계 1,200여 곳에서 연간 약 3만 1천여 개의 전시회가 개최 되고 약 4백4십만여 개의 기업이 참여해 약 3억 3천만여 명이 방문한다고 한다.

우리가 언론을 통해 흔히 들어본 CESConsumer Electronics Show(매년 1월에 미국 라스베이거스에서 열리는 세계 최대 가전전시 박람회)나 IAAInternationale Automobil-Ausstellun(격년으로 열리는 세계최대 자동차 전시회)외에도 도서, 타이어, 커피, 보석, 바이오, 문구까지 다양한 산업별로 수많은 국가에서 매일같이 전시회가 열린다.

▲그림 2-4. B2B 전시회

　전통적으로 전시회는 최신 정보와 트렌드 파악, 잠재 고객 발굴 및 네트워킹 강화면에서 가장 효율적인 마케팅 수단으로 해마다 성장해왔다. 하지만 유례없는 코로나 팬데믹으로 인한 언택트 기류가 확산되면서, 최근 2년 동안 많은 전시회들이 온라인 전시로 선회하거나 중단되었다. 또한 온라인의 급속한 성장으로 최신 정보나 트렌드 파악이 필요한 경우에는 굳이 전시회를 통하지 않더라도 검색이나 뉴스를 통해 더 빠르게 확인할 수도 있다. 상황이 이렇다 보니 전통적인 전시의 강점이 많이 희석되고, 동시에 많은 기업들이 오프라인보다는 온라인 플랫폼을 강화하는 방안을 모색 중이기도 하다. 하지만 일반 소비자 대상의 B2C 전시와 다르게 비교적 거래 규모가 크고 장기계약을 통한 유지보수 등이 필요한 B2B의 경우에는 온라인 만으로 모든 것을 진행하기에는 부족한 점이 많다. 온라인만으로는 정보 전달이 불완전하거나 대면 대비 신뢰감 형성이 낮고, 세부 거래조건의 협상에 제약이 있는 등 한계점이 분명히 존재하기 때문이다. 또한 B2B는 타깃 고객이 구체적으로 겨냥되기 때문에 실제 구매에 영향을 미치는 바이어나 C레벨급의 의사 결정권자들을 한자리에서 직접 만날 수 있는 전시회만 제대로 준비한다면, 그 어떤 마케팅 수단보다 효과가 크다. 특히 규모가 작은 중소기업들은 전시회 참가를 통해 잠재 고객 정보를 확보하고, 지속적인 콘택트와 미팅을 통해 실제 거래로 연결하는 사례들이 종종 있다. 물론 이는 '제대로 준비한다'는 전제가 밑받침되어야 하는데, 이를 위해서는 다음의 여덟 가지 사항은 반드시 명심해야 한다.

1) 목적에 따라 전시회 참가 스타일이 달라야 한다

전시회 참가 목적이 명확해야 한다. 정해진 목적에 따라 참가해야 할 전시회와 참여 규모, 목표 및 기대효과가 달라지기 때문이다. 브랜딩이 목적이라면 단기간이 아닌 장기적으로 생각해 전 세계 여러 전시회에 비교적 큰 규모로 꾸준히 참여해서 브랜드를 알려야 하고, 정보 및 트렌드 파악이 목적이라면 굳이 부스를 임차해서 참여할 필요 없이 직원들이 참관만 해도 된다.

대부분의 *B2B 기업의 참가 목적은 잠재 고객, 즉 Lead 발굴과 기존 고객과의 네트워킹 강화다. B2B 비즈니스의 전시회에 찾아오는 고객들은 그냥 Lead도 아니고 세일즈로 이어질 확률이 높은 의사 결정권자들이 많기 때문에 부스 유입과 상담을 통한 가망고객 Profile 확보, 더 나아가서는 구체적인 2차 미팅 약속까지 받아내기 위한 플랜을 짜야 한다.*

네트워킹 강화가 주목적이라면 기존 고객들을 전시회에 초대해 낮에는 간단한 티 미팅과 최신 트렌드 혹은 신제품 관련 세미나를 진행하고, 저녁 시간에는 좋은 장소를 물색해 식사를 대접하는 경우가 많다. 최근에는 전시회가 개최되는 국가와 도시의 특징을 살리는 분위기가 대세인데, 만약 영국이라면 프리미어 리그 축구 관람, 아시아 해안 도시라면 가수들을 섭외해 Pool party 등 다채로운 이벤트도 많이 진행된다. 당연하지만 네트워킹 강화라면 전시회보다는 세미나, 행사에 더 많은 비용과 노력을 기울여야 한다.

2) 예전에 해왔던 방식 그대로는 피하라

전 세계 연간 3만 개 이상의 수많은 전시회에서 우리 목적에 가장 적합한 전시회를 찾는 것은 매우 중요한 일임에도 불구하고, 실제로 현실에서는 너무 소홀히 진행되기도 한다. 주로 이런 생각들로 접근하는 것이다.

"경쟁사가 A전시에 참여한다고 하니 우리도 참가해 볼까?"

"예전부터 참가하던 전시회잖아. 이번에도 또 나가보지 뭐"

"그 나라에서 가장 큰 전시라며? 그럼 고객들도 많이 오는데 당연히 가야 되는 거 아냐?"

이렇게 쉽게 생각하고 접근했다가는 만만치 않은 기회비용을 치르게 될지 모른다. 적잖은 비용이 드는 큰 행사에 '단지 경쟁사가 하니까, 가장 큰 전시니까, 당연히 우리 제품에 관심있는 고객들이 많이 올 테니까'라는 안일한 믿음만으로 몇 년 치 농사가 맥없이 결정되는 경우가 허다하다. 물론 이런 전시에 참석하는 게 하루 이틀이 아니다 보니 편하게 예상하고 기획할 수 있는 실무자 입장에서는 손쉽게 다가가게 될 것이다. 대체적으로 일이 이렇게 진행되는 이유는 전시를 늘상 해야만 하는 '의례적이고 형식적인 일련의 행사'로 여기거나, 아니면 '명확한 참여 목적이 없기' 때문이다. 사장님과의 회식 장소를 고를 때는 몇 날 며칠을 검색하고 비교하고 의견을 구하고 사전답사까지 가면서, 왜 해외에 큰 비용을 들이는 전시회 장소 선정에는 그만큼의 노력조차 들이는 걸 아까워하는 것일까?

제대로 준비된 담당자라면 '정말 우리가 만나야 하는 고객, 즉 의사 결정권자들이 지금도 그 전시에 오는 게 맞는지, 예전보다 참관객이 줄어들었다는데 다른 전시회로 간건 아닌지'라는 합리적인 의심도 해보고, 사전에 비슷한 성격의 전시회별로 꼼꼼하게 비교, 분석도 해봐야 한다.

참관하는 고객들의 구체적인 직업과 연령은 어떻게 되는지, 참가업체들은 어떤 회사들인지, 또 비용은 각각 얼마나 드는지 등 검색만 잘해도 이틀이면 충분히 훌륭한 조사자료가 나온다.

전시회 참여는 농부의 입장에서 보면 밭에 씨를 뿌리는 일과 같다. 빛도 안 들고 메말라 거칠고 양분조차 남아 있지 않은 밭에 씨를 뿌릴 바에는 전시회 참가를 미루고 그 비용을 다른 곳에 투자하길 강력하게 권하고 싶다.

전시회 비교 분석 양식

구　　분		전시회 A	전시회 B	전시회 C
1) 기본 정보	전시회명			
	개최기간			
	개최 장소 국가			
	개최 장소 도시			
	개최 장소 전시장			
2) 전시 면적	총 전시면적			
	순 전시면적			
3) 참가 업체 현황	참가 국가 수			
	참가업체 수			
	부스 수			
4) 참관객 현황	참관 국가 수			
	총 참관객 수			
	순 참관객 수			
5) 전시 품목	주요 전시 품목 ①			
	주요 전시 품목 ②			
	주요 전시 품목 ③			
	주요 전시 품목 ④			
	주요 전시 품목 ⑤			
	출품 품목 ①			
	출품 품목 ②			
	출품 품목 ③			
6) 참가 비용	부스임차 비용			
	총 참가 비용			
7) 잠재 고객 규모 분석	목표 참관객 수			
	제품 관심도			
	잠재 고객 수			
8) 잠재 고객 발굴 비용				

▲표 2-2. 전시회 비교 분석 양식 (출처: 해외전시회 참가 매뉴얼 KOTRA자료 15-088)

3) 정확한 목표를 가지고 적극적으로 접근하라

적어도 수천만 원의 비용과 인력, 시간을 투자한 만큼 ROI관점에서 측정 가능한 구체적인 목표가 있어야 계획이 세밀해지고 성과를 낼 수 있다.

보통 일반적인 기업들의 전시 목표라고 한다면 전체 참관객 중 몇 명이 우리 부스에 방문했는지, 전년 대비 늘었는지, 홍보기사가 몇 건인지 등이겠지만, *B2B 기업의 입장에서는 구체적인 Lead창출 건수가 목표가 돼야 한다. 솔직히 전시회장에서 판매가 바로 이뤄질 확률은 매우 희박하다. 따라서 최대한 Lead를 많이 모으고, 더 나아가서는 향후에 우리 고객이 될 확률이 높은, 가까운 미래에 구매 계획이 있는 Qualified Lead, 즉 가망고객과의 상담건수가 2차 목표다.*

예를 들어 'Lead 500개 확보와 가망고객 상담건수 50개가 목표'라고 한다면, 안내 데스크에 어항(명함통)을 올려놓고 참관객들의 명함만 받는 것에서 끝낼 게 아니라, 전시에 참여하는 모든 직원들이 목표를 달성하기 위해 적극적인 집객 아이디어를 내고, 부스에 방문한 고객들을 어떻게든 상담석에 앉히기 위해 최선의 노력을 다해야 한다. 그러기 위해서는 리드 확보와 관련이 없는 불필요한 직원들이나 임원들이 전시회에 가서 굳이 시장이나 경쟁사의 동향을 파악한다는 핑계로 고객용 의자에 앉아 시간을 때우거나 보고를 받는 일은 사라져야 한다.

좋은 부스 위치 선점에 부스 디자인도 잘 꾸며놓고 눈에 띄는 제품들을 전시했음에도, 가만히 앉아서 오는 고객들 응대만 할 것인지, 아니면 전시회장 전체를 누비며 부스 밖부터 안까지 고객들을 끌어들여 상담석을 꽉 채울지의 차이는 부스 내의 활기와 동력, 그리고 공동의 일치된 목표에서 나오기 마련이다.

◀그림 2-5. 리드 확보를 위한 명함, 리플릿과 다양한 SNS채널을 통한 홍보

4) 위치 선점에 목숨을 걸어라

집을 살 때나 가게를 낼 때 가장 중요하게 고려하는 건 바로 입지이다. 마찬가지로 전시 역시 부스 위치는 매우 중요하다. 위치 선정에 정답은 없지만, 일반적인 데이터와 경험에 따라 좋은 위치를 꼽는다면, 입구 근처, 중앙과 관람객의 주동선에 인접한 곳을 많이 얘기한다. 이곳은 모두 관람객이 붐비는 곳이다. 하지만 우리가 원한다고 해서 그 위치를 선정받을 수는 없다. 전시장도 돈을 버는 영리 업체이고, 보통 부스 배치는 전시 규모가 큰 업체 위주로 우선권이 부여되는 게 일반적이기 때문이다. 이후에는 선착순이나 혹은 이전에 참여한 업체에게 먼저 기회를 주는 곳이 많다.

따라서 처음 전시에 참여하는 작은 기업의 입장에서는 시작부터 불공정한 게임이다. 하지만 그래도 팁이 있다면 사전에 전시회장 도면을 입수해(전시회장 웹사이트에서 다운로드 가능) 인기 있는 시장의 선도기업(주로 대기업)이 어디에 위치하는지(보통 큰 부스의 대기업은 장기로 계약을 많이 하기 때문에 위치변동이 잦지 않음) 파악하고, 그 주변을 노려보자.

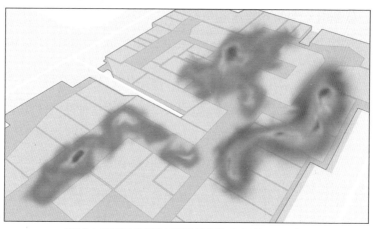

▲그림 2-6. 카메라로 분석해본 전시장 관람객 주요 동선 (Heatmap) 예시
(출처: https://www.mazemap.com/industries/venues)

전시회 성격과 전시장 구조에 따라 다르기는 하지만, 많은 국내외 전시를 참여하며 겪은 개인적인 경험상, 대체적으로 관람객들의 주요 동선은 입구에서 시작해서 중앙과 그리고 주요 대기업 위주로 흘러간다. 보통 관람객들은 전시장에 들어오기 전에 본인들이 방문할 부스의 위치를 먼저 파악하는데, 당연히 인지도가 높은 대기업의 전시가 볼 것도 많기 때문에 방문 리스트에서 빠지지 않는다. 하지만 '이웃 가게에 사람이 붐비니 우리 가게 역시 방문해 주겠지' 하는 오산은 하지 말자. 상대적으로 비교 가능한 위치에 있게 되면 우리 부스를 어떻게 만들고 어떤 액션을 통해 우리 쪽으로 추가 방문을 유도할 수 있을지 고민해야 한다. 만약 아래와 같은 전시회장 도면에서 본다면, 입구를 기준으로 조

금 이동하면 큰 대기업들의 부스가 있고, 경로상에 마주하면서 3면 이상이 개방된 어두운 색으로 표시된 곳이 가장 괜찮은 위치라고 볼 수 있다.

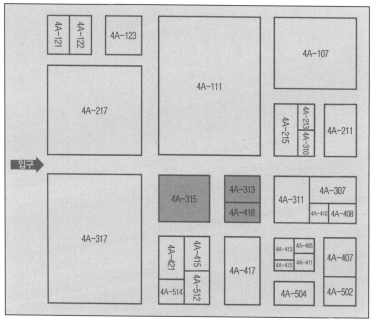

▲그림 2-7. 전시회 좋은 자리 찾기

만약 좋은 위치를 선점하지 못했다면, 그다음은 경험상 피해야 하는 위치를 잘 선택해야 한다. 입구 바로 앞과 음식 코너(사람들이 몰리고 번잡해서 상담할 수 있는 여건이 안 된다), 기둥 근처(기둥으로 인해 부스 디자인에 제약이 많다)는 되도록 피하는 것이 좋다.

5) 'To do list'를 만들어라

'To do list'는 목표를 이루는 데 단순하지만 가장 확실한 툴이다. 정말 해야 할 일에 제대로 일을 집중하게 해주고, 일에 쫓기는 초조함을 없애준다. 또한 담당자의 부재로 인한 업무 공백을 메워줄 뿐만 아니라 팀원들 간의 크로스 체크를 통한 혹시나 모를 실수를 방지해 준다. 특히 해외 전시는 사전에 준비하고 일정별로 챙겨야 할 업무가 많다. 대기업의 경우에는 전시만 전담하는 부서와 전문 에이전시가 A부터 Z까지 함께 준비하기 때문에 비교적 수월하지만, 중소기업들은 홍보팀이나 마케팅팀이 수많은 업무 중에 전시도 함께 준비하는 경우가 다반사이기 때문에 'To do list', 즉 해야 할 일정별 업무는 꼭 필요하다.

전시회 성격과 회사마다 참여 규모가 다르기는 하지만, 일반적으로 공통적인 사항만 꼽아도 전시회 참가 신청, 참가 목표 수립, 부스 위치 선정과 예약, 참가제품 확정, 전시 컨셉 구체화, 부스 디자인, 현지 협력회사(부스 빌더 등) 선정, 사전 고객 초청, 통역 및 현지 인력 섭외, 홍보계획, 기념품, 브로슈어 및 리플릿 제작 등 수십 가지가 넘는다. 이런 수많은 To do list를 효과적으로 작성하고 관리하기 위해서는 준비하는 팀원들 간에 문서를 공유하고 관리할 수 있는 구글독스나 MS To do 같은 툴을 개인적으로 추천한다.

▲그림 2-8. 전시회 참가 준비를 위한 일정별 업무(출처: 해외 전시회 참가 매뉴얼 KOTRA자료 15-088)

6) 신규 고객 확보에 탁월한 'Linkedin'을 이용하라

전시회에 오는 고객만을 상대로 목표를 달성하기는 어렵다. 고객들이 모든 부스를 방문하지도 않을뿐더러, 우리뿐만 아니라 수십, 수백여 개의 다른 경쟁사들이 너나 할 것 없이 집객에 열을 올리기 때문이다. 여유가 있다면 홈페이지 온라인 배너광고 혹은 전시회장 입구 옥외광고나 고객용 브로슈어 등에 광고를 할 수도 있지만, 효과면에서 제대로 된 검증을 얻기가 힘들다. 기존 거래처라면 응당 이메일로 초청장을 보내고 전화를 통해 확답을 받겠지만, 우리는 신규고객, 즉 Lead를 확보하기 위해 이 전시에 참여한 것임을 명심해야 한다. 따라서 우리 고객이 될 확률이 높은 바이어나 C레벨급 의사 결정권자들의 이메일이나 연락처를 수집하고 콘택트하는 것이 중요하다. 가장 쉽고 빠른 방법은 현지의 에이전시나 글로벌 시장조사 기관을 통해 콘택트 포인트를 구매하는 것이지만, 이 또한 적잖은 비용이 든다. KOTRA나 현지의 관련 산업협회, 또는 유관 단체를 통해 도움을 받는 방법도 있고, 직접 인터넷을 조사해 일일이 찾아가 1대1로 콘택트하는 방법도 있다. 하지만 내 경우라면 'Linkedin(링크드인)'을 우선적으로 이용할 것이다.

Linkedin은 세계 최대의 비즈니스 인맥사이트로 2021년 기준 전 세계 7억 명 이상의 회원들이 가입되어 있다. Linkedin의 프리미엄 기능인 세일즈 네비게이터 코어를 활용하면 회사별, 직급별로 좀 더 수월하게 우리의 고객에게 접근할 수 있다. 회원 본인이 프로필 공개에 동의했기 때문에 최근 이슈가 되고 있는 개인정보보호법에서도 비교적 자유롭다.

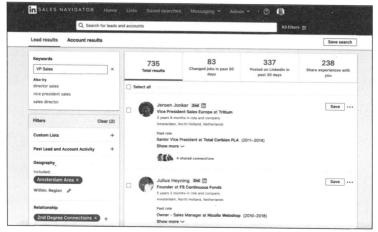

▲그림 2-9. 'Linkedin' 세일즈 네비게이터 코어 (출처: https://topdogsocialmedia.com/
linkedin-sales-navigator-advanced-search-tutorial/)

7) 부스 운영진 고객 대응에 심혈을 기울여라

2006년 미국 프린스턴대 심리학과 알렉산더 교수팀은 "타인의 얼굴을 보고 매력이나 호감도 신뢰도 등을 판단하는데 걸리는 시간이 0.1초"라는 연구결과를 발표했다. 굳이 연구결과가 아니더라도 우리는 일상생활에서 첫인상이 주는 중요성에 대해서 너무나 많이 경험했다. 이런 이유로 나는 전시회를 진행하면서 전시 운영진과 도우미 교육에 가장 많은 신경을 썼다. 아무리 사전 준비를 잘하고 부스를 잘 꾸며놓고, 많은 고객을 초대했더라도 현장에서의 응대가 만족스럽지 못하다면, 우리는 영영 그 고객을 다시 마주하지 못할 확률이 크다.

전시회는 기본적으로 사람을 만나는 곳이다. 수많은 관람객 중 우연히 들린 한 명이 수백만 불의 매출을 올려줄지는 아무도 모른다. 어려울 것은 없다. '친절하게, 기분 좋게' 딱 이 2가지만 명심하면 된다. 제품에 대한 전문적인 지식은 부족할 수 있다. 그리고 이는 추후 기술자가 보충 설명을 해도 된다. 이보다 중요한 것은 방문하는 모든 관람객들에게 좋은 인상을 심어주는 것이다. 그들이 긍정적인 고객 경험을 할 수 있도록 현장에서는 항상 웃음으로 대응하는 것이 중요하다.

▲그림 2-10. B2B 전시 부스 현장

8) 보고서 작성은 냉정한 '성과 분석'과 '평가'만으로도 충분하다

전시 담당자들의 업무의 끝은 '전시 결과 보고'라는 말이 있다. 전형적인 B2C 기업의 결과 보고서를 뜯어 보면, 전시회 자사 부스와 경쟁사 부스 사진, 경쟁사 신제품 동향, 관람객 수(주최 측 추산), 자사 부스 방문객 수, PR 효과, 이전 대비 성과 포인트와 반성 포인트 등으로 구성된다. 하지만 고객발굴 목적으로 참가한 B2B 기업이라면 위에 언급된 것들은 다 무시해도 좋다. 전시회 상황을 사진으로 찍고, 경쟁사 부스를 돌아다니고, 관람객 수를 체크하는 등 보고서 작성을 위한 업무를 할 시간에 한 명이라도 더 많은 고객을 만나는 것이 중요하다.

결과 보고서에는 냉정하게 전시회 참가 목표 달성 여부, 즉 Lead 확보 개수와 상담 건수, 딱 이것만 정리하자. 결국 이 숫자만 있다면 전시회의 성과와 투자 대비 효용성 그리고 지속적인 참가 여부가 결정된다. 물론 숫자로 말할 수 없는 주관적인 의견 등이 있을 수는 있지만, 목적이 '고객 발굴'이라면 전시는 결국 성과로 방점을 찍어야 한다는 생각이다.

마지막으로 10여 년 넘게 국내의 작은 공조 전시회부터 세계최대 전자제품 전시회인 CES까지 중국, 인도, 미국, 독일, 이탈리아, 스페인 등 세계 많은 나라에서 전시회를 직접 기획, 운영해 보면서 느꼈던 아쉬운 부분을 말하려 한다.

전시회에 찾아오는 고객에게 신경 써야 할 전시 담당자들이 국내에서 온 귀빈들 의전을 하느라 제대로 해야 할 일을 못 하는 경우다.

해외 전시회가 열리면 회사에서는 그렇게 바쁘던 많은 임원분들이 갑자기 한가해지셨는지 먼 곳까지 날아와 격려한다며 굳이 방문을 하는데, 정말 그러지 마시길 간곡히 부탁드린다. 중요한 고객과의 VIP 미팅이나 회사를 대표해 연사로 나서는 일이 아니고서는 목표 달성에 하등 도움이 안 되기 때문이다. 전시회 준비로도 24시간이 모자라는 직원들이 그 틈을 쥐어 짜내 임원 일정표를 만들고, 고객미팅을 마련하고, 임원들의 저녁 메뉴도 알아보고, 차량 예약에 심지어 관광까지 기획해야 한다. 부스에서 발바닥에 땀나도록 일하는 직원들을 진정으로 위한다면, 먼 곳에서 응원 메시지만 보내는 것으로 만족하기 바란다.

2-3
어서 와, 해외 바이어들의
한국 방문은 처음이지?

• ◆ • • •

병원 수술용 영상 의료 광학전문 'X센서'의 미국 사업이 호조를 보인다. 홈페이지를 통한 Lead 발굴과 이를 통한 상담과 거래가 지속적으로 이어지면서 하나둘씩 신규 거래선이 발굴되고, 제품의 우수성이 소문나면서 규모가 큰 거래선들도 눈에 띄게 늘었다. 특히 이번에 콘택트해 온 '빅덴탈'은 북미뿐 아니라 중남미까지 탄탄한 유통망과 네트워킹을 갖춘 매출 1조 이상의 큰 바이어다. 이런 회사의 총 구매담당자와 책임자들이 X센서를 공식 방문하기 위해 4박 5일간 한국에 머문다고 한다. X센서의 해외 시장의 첫 단추가 될 VIP고객들이다. 자, 이제 무엇을 준비해야 할까?

해외 비즈니스가 많은 B2B 회사들은 고객사를 국내로 접대해야 할 경우가 자주 생긴다. 보통 우리나라까지 고객사가 온다는 것은 무척 중요한 상담인 경우가 많다. 그래서 이 기회를 잘 살려 호스트로서 국내에 머무는 동안 성심성의껏 고객을 접대해 성공적인 비즈니스 상담으로 회사에 대한 우호적인 관계를 쌓아야 한다. 우리나라 비즈니스에서 흔히 '접대'라는 의미는 주로 '갑과 을의 관계'로 만나 좋은 술집에서 양주를 마시며 은밀한 거래를 하는 것이라고 생각한다. 하지만 해외에서는 고객 접대를 기업의 전략적 활동 중 하나로 간주한다. 특히 B2B 비즈니스에서 고객에 대한 접대는 구매활동에 직접적인 영향을 미치는 매우 중요한 영업활동이다. 그렇기 때문에 고객 접대를 위해서는 사전에 면밀한 준비와 전략이 필요하다. 그중 핵심적인 몇 가지를 살펴보자.

1. OMG, 이슬람 문화의 바이어에게 돼지고기 접대라니!

나라마다 문화적 차이와 고객의 특성이 매우 다양하기 때문에 방문 고객들의 호구조사까지는 아니더라도 그들의 특성을 최대한 사전에 파악하는 것이 중요하다. '어떤 음식을 좋아하는지, 특이 알레르기가 있는지, 모국어가 영어가 아닌 경우 영어는 어느 정도로 통용되는지, 한국에 와본 적이 있는지, 만약 첫 방문이라면 어떤 곳에 가보고 싶은지' 등 필요한 내용에 대해서는 정중하게 요청해서 설문을 받아보도록 한다. 우리나라의 문화로 생각해 보면 '다소 귀찮게 하는 일이 아닐까?' 생각할 수 있지만, 오히려 이런 세심한 부분까지 챙겨주려고 하는 호스트의 친절함에 감동해 대부분의 고객들이 흔쾌히 응해준다.

여러 가지 접대의 과정 중 특히 식사는 가장 중요한 부분이다. 개인적으로 다양한 국가들의 손님을 접대하면서 가장 어려웠던 이들이 중동의 아랍 고객들로, 대부분 무슬림이라 돼지고기가 금기시되고 다른 육류도 할랄만 가능해서 식사 준비로 골머리를 앓은 적이 있다. 매일 식단에 아랍식을 넣고 고기도 최대한 배제했으나 충분히 만족시켜 드리기는 버거웠다. 특히 호텔 조식의 경우에는 거의 식사를 드시지 못해 매끼 아랍 음식을 공수해와서 호텔에 사전 양해를 구하고 따로 어레인지 한 적도 있다.

보통 미국이나 아시아의 고객들은 식사를 가리지 않고 아무거나 잘 드시지만, 중동이나 유럽의 고객들은 입맛이 까다로워서 특별한 주의가 필요하다. 그나마 나라별로 호불호가 없이 좋아하시는 식사는 일식과 해산물이다.

또한 고객의 건강상태와 알레르기 유무 등도 사전 파악이 필요하다. 음식뿐만 아니라 환경변화로 인한 알레르기 역시 간과해서는 안 될 사항이다. 개인적으로 미국의 한 고객은 국내 호텔 내 침구와 미세먼지 때문에 심한 알레르기로 고생한 적이 있다. 그 후 이런 고객들을 위해 특히 환기가 잘 되는 숙소를 파악하고 공기청정기를 사전 구비해 놓기도 한다.

숙소도 고객의 특성에 따라 방향을 좁힐 필요가 있다. 기본적으로 5성급 특급호텔을 싫어할 고객은 없다. 최고급 호텔에서의 숙박은 우리가 고객을 어떻게 여기는지에 대한 첫인상이고, 머무는 동안의 편안한 경험을 제공할 수 있는 최대의 서비스다. 하지만 같은 특급호텔이라도 주위 환경에 따라 천차만별이다. 시내 주요 인기 관광지와 접해 있어 나이트 라이프와 쇼핑을 즐기기 편한 곳인지, 아니면 한적한 곳에 있어 여유롭게 휴식을 느낄 수 있는 곳인지에 따라 머무는 동안의 컨디션과 분위기가 달라진다.

2. 접대 일정에 치밀한 전략을 비밀스레 녹여 넣어라

영화 〈포커스〉를 보면 윌 스미스가 슈퍼볼 직관을 하면서 중국인 갬블러와 내기를 하는 장면이 나온다. 윌 스미스는 갬블러에게 '당신이 본 선수의 백넘버를 하나 생각하면, 내가 그 숫자를 맞혀 보겠다'고 제안한다. 갬블러는 숫자 55를 생각하고 있었고, 윌 스미스는 놀랍게도 그 숫자를 정확하게 맞춘다. 어떻게 이런 일이 가능할까? 사실 이 상황은 우연이 아닌 철저하게 설계된 전략의 결과였다.

윌 스미스는 이 갬블러가 슈퍼볼 경기장에 오기 전에 하루 종일 55에 관련된 숫자를 노출시켰다. 호텔 엘리베이터에도 숫자 55를 관련시켜 놓았고, 길거리에도 55를 눈에 띄게 해놓았다. 또 그가 은연중 듣는 노래에도 55가 나오도록 했다. 이렇게 윌 스미스는 하루 종일 '55'라는 숫자를 겜블러에게 노출시키기 위해 사전에 면밀한 설계를 하고 이를 성공시킨다. 물론 영화 속 설정이기는 하지만 마케팅적으로도 반복적 노출을 통한 상기는 분명히 효과가 있다.

예를 들어 TV 광고에는 오래전부터 'Reach 3+'라는 최소 노출에 대한 객관적인 연구결과가 있다. 즉 3번은 노출해야 소비자가 그 상품을 인지하기 시작한다는 이야기다. 영화처럼 치밀하게는 아니더라도 고객 접대에도 역시 이 전략은 유효하다.

국내에 온 고객의 경우 보통 호스트가 모든 일정을 짜게 되는데, 이럴 때 디테일한 설계와 전략은 성공적인 비즈니스의 지름길이 된다. 예를 들어 X센서의 경우 고객의 이동 동선에 옥외광고를 통해 브랜드를 노출하고, 호텔 숙소에 자사 광고가 게재된 잡지를 미리 넣어 놓는다거나, X센서의 제품을 쓰고 있는 다양한 성격의 레퍼런스 병원을 방문한다. 그리고 의사들과의 티 미팅 정도는 자연스럽게 일정 안에 스며들 수 있게 설계가 가능하다. 단, 너무 드러내놓고 노출하는 홍보는 역효과임을 알아야 한다.

3. 뻔한 불고기와 비빔밥은 이제 그만!

일정에 따라 다르지만 비즈니스 목적으로 방문하더라도 보통 하루나 이틀 정도는 관광을 일정으로 추가한다. 이럴 경우 전문가이드를 고용하거나 아니면 여행사에 턴키로 맡기는 곳들이 많은데, 가급적이면 전문가 도움은 받되, 직접 호스트가 그들과 함께 움직이는 것이 향후 비즈니스를 위해서라도 좋다. 편안한 분위기에서 오랜 시간 동안 서로 얼굴을 마주하며 다양한 경험을 공유한다는 것은 평생 추억이 되어 절대 잊히지 않을 것이다.

보통 코스를 구성할 때는 고객의 특성, 선호도, 취미, 나이 등 여러 가지를 고려해야 하지만, 이는 생각보다 쉽지가 않다. 그래서 일반적으로 서울 시내라면 외국인 관광객이 선호하는 고궁이나 남대문, 이태원, 서울 N 타워 등의 장소를 방문한다. 하지만 이는 다소 뻔한 추억이 되기 쉽다. 서울을 한 번쯤 와봤던 고객이라면 중복될 가능성도 많다. 그러니 그런 곳보다는 조금은 색다른 경험을 제공해 평생 기억에 남는 추억을 선물하는 것도 좋을 것이다.

예를 들어 스포츠를 좋아하지만 한 번도 야구경기를 직접 보지 못한 고객들이라면(전 세계에서 직접 야구경기를 볼 수 있는 국가는 10개국 미만이다) 야구장에 가서 영국의 BBC가 극찬한 한국의 열광적인 야구 응원문화도 직접 경험하고 그 유명한 '치맥'도 경기장에서 즐길 수 있다.

평생 설원을 경험하지 못한 중동이나 동남아시아 고객들이 겨울에 방문했다면, 스키장에서 일일 스키체험을 하는 것도 색다른 경험과 추억이 될 수 있다. 또한 우리는 잘 인식하지 못하지만, 외국인들은 전 세계 유일의 분단국가인 우리나라의 역사에 대해 의외로 관심이 많아 판문점 방문도 인기가 많다.

▲그림 2-11. 파주 DMZ 트레인 투어를 즐기는 해외고객들

저녁에는 보통 간단한 음주를 곁들인 나이트라이프도 재밌는데, 흔히 알려진 이태원이나 강남보다는 오히려 '힙지로'라고 불리는 을지로 맥주 거리 역시 고려해 볼 만하다.

대도시의 비슷비슷한 화려함보다는 오히려 후미진 골목에 개성 있게 들어서 있는 오밀조밀한 가게들이 독특한 매력을 풍긴다.

인간의 습성은 기본적으로 비슷하다. 우리도 해외에 나가면 관광코스로 잘 알려진 식당이나 술집보다는 현지인들이 즐겨 먹고 자주 다니는 일반적인 곳에 가 보고 싶어 한다. 이처럼 외국인 역시 가장 한국적인 분위기에 더욱더 매력을 느낀다. 실제로 많은 고객들을 모시고 직접 다녔을 때 이런 장소에서의 경험들을 의외로 많이 좋아했고, 다시 만날 때도 '그날의 추억을 잊지 못한다'며 감사하는 경우가 많았다.

숙소 역시 5성급 호텔도 물론 좋지만, 북촌 등지의 한옥호텔 등도 고려해 볼 만하다. 우리나라의 전통을 한눈에 볼 수 있는 한옥은 외국인들에게도 인기가 많은데, 많은 이들이 이국적인 문화에 반해 여행지를 선택할 시 일부러 템플스테이나 한옥체험을 선택하곤 한다.

가장 한국적인 것이 가장 세계적인 것이고, 이제는 보편적일 수 있다. 세계적인 K-POP 그룹 BTS에서 시작해, 드라마 〈오징어 게임〉, 영화 〈기생충〉, 치맥 문화까지 이제는 한국적인 것이 가장 트렌디하고 모두가 즐기는 문화가 됐다.

비즈니스 접대라고 너무 딱딱하게만 접근하지 말고, 유연하게 생각하고 다 함께 즐기도록 하자. 아래의 체험 장소는 실제 해외고객을 대상으로 한 관광 및 체험 장소 중 인기 있는 곳 TOP 20를 정리한 곳이니 일정을 짤 때 참조하면 좋을 듯 싶다.

관광 및 체험장소			
No.1	서울 N 타워	No.11	경복궁
No.2	자갈치시장	No.12	해운대
No.3	코엑스	No.13	DMZ 투어
No.4	용산전쟁기념관	No.14	올림픽파크
No.5	동대문	No.15	야구 경기 관람
No.6	노량진 수산시장	No.16	대형유통마트
No.7	송도 케이블카	No.17	인사동
No.8	난타공연	No.18	창덕궁
No.9	청계천	No.19	한복 및 다도체험
No.10	남대문 시장	No.20	북촌 한옥마을

▲ 표 2-3..해외고객을 대상으로 한 관광 및 체험 장소 중 인기 있는 곳 TOP 20

(출처: 〈a href="https://www.freepik.com/free-vector/seoul-korea-city-skyline-white-background-flat-vector-illustration-business-travel-tourism-concept-with-modern-buildings-image-banner -website_22773102.htm#query=seoul&position=0&from_view=search&track=sph")Image by Sky and Glass〈/a〉 on Freepik/ @Sky and Glass)

3장.

어느 날 대표님이 B2B도 브랜딩 한번 해보자고 하신다

다른 브랜드와 대체될 수 없는 해당 제품군이나 산업군에서 강력한 신념이 되는 팬덤을 구축하는 것이 브랜딩이다. 팬덤을 구축하기 위해서는 세 가지만 정확히 파악하면 된다. 첫째, 브랜딩에 대한 내부적인 공감과 미션 스테이트먼트 수립, 둘째, 전 직원의 내재화, 마지막으로 적극적인 소통과 확산으로 온전한 우리만의 브랜드 구축이다.

3-1
회사의 가치를 올리는 브랜딩,
'같이' 올려야 성공한다

· · ◆ · ·

어느 회사든 대표님이 책을 들기 시작하면 직원들이 피곤해진다. 직원 40여 명과 함께 기업 대상 e러닝 교육 회사를 운영 중인 우리 대표님 역시 뒤늦게 학업에 한창이시다. 처음엔 공부보다는 인맥을 쌓고자 비싼 돈을 내고 서울대학교 평생교육과정에 진학하셨는데, 이게 생각보다 유익하고 도움이 되는 내용도 많단다. 교수님들의 한마디 한마디가 다 내 얘기 같고 정말 저렇게 안 하면 뒤처질 것 같다는 말씀이다. 그러던 어느 날, 대표님이 출근하시자마자 총무팀장을 부른다.

"박 팀장, 우리 회사도 브랜딩이 좀 필요한 것 같아. 이제 B2B도 경쟁에서 이기려면 제대로 회사 브랜드 가치도 올리고 업계에서 1등 하면서 쭉욱 리딩해야 살아남는 거야. 그래서 말인데, 박 팀장이 우리 회사 브랜딩 한번 해보는 게 어때?"

"네? 제가요? 저는 총무팀장인데요? 브랜딩을 제가 어떻게..."

시트콤이나 드라마처럼 웃픈 이야기지만, 정말 이런 일이 현실에서 자주 있다. 브랜딩하자고 하면 뭔가 크고 대단한 일을 해야만 할 것 같은 생각부터 든다. B2C건 B2B건 브랜딩은 도대체 어디서부터 시작해야 하는 걸까? 시작부터 막막하다. 일단 검색부터 시작하면 인터넷에 브랜딩 전문가들은 다 모여 있다. 브랜드 아이덴티티Brand Identity, 브랜드 미션Brand mission, 브랜드 컨셉Brand concept, 핵심 가치Core Value 같은 유식한 단어들을 끌고 나와 여기저기 저마다의 정의로 강조하며 중요하다고 한다. 또 요즘에는 브랜드 페르소나가 중요하니 명확한 페르소나 정립이 필요하다고 주장하는데, 이름만 들으면 알만한 교수님들까지 이렇게 아우성이다.

물론 버릴 이야기들이 하나도 없다. 그런데 이야기만 들으면 그럴 듯하지만, 실제 하려고 마음먹으면 딱히 뭘 어떻게 해야 하는지 감이 잡히지 않는다. 어찌 보면 수많은 브랜드 전문가들과 컨설팅 회사들이 만들어낸 온갖 용어에 사로잡혀 본질을 잊고 있는지도 모른다. 고객들에게 브랜드 아이덴티티가 뭔지, 브랜드 에센스가 뭔지, 브랜드 페르소나가 뭔지 언제 다 일일이 설명할 것인가? 그리고 무엇보다 정작 고객들은 그게 무엇인지 1조차도 관심이 없다. 아니 고객에게 설명하기 전에 일단 내부에서조차 이해하기 어렵다.

도대체 브랜딩이 무엇이고, 어떻게 하는 것일까?

브랜딩에 대한 용어는 마케팅만큼이나 다양한 해석과 정의에 있어 가지각색의 행태를 보인다. 서점에 가면 브랜딩 관련 책만 수백 권이 넘고, 인터넷에서 검색하면 브랜딩에 관련된 유용한 정보들이 쏟아져 나온다.

시대에 따라 정의도 조금씩 변하고 있지만, 요즘 트렌드를 반영해 한마디로 얘기하면, **'다른 브랜드와 대체될 수 없는 해당 제품군이나 산업군에서 강력한 신념이 되는 팬덤을 구축하는 것'이 브랜딩이다.**

단순한 호감을 넘어 함께 취향을 공유하고, 연결감과 유대감을 통해 자발적으로 지지하고 선한 영향력을 이끄는 팬덤은 브랜드의 지속가능한 성장을 이끄는 중요한 동력이 된다. 이런 팬덤을 구축하기 위해서는 세 가지만 정확히 파악하면 된다. 첫째, 브랜딩에 대한 내부적인 공감과 미션 스테이트먼트 수립, 둘째, 전 직원의 내재화, 마지막으로 적극적인 소통과 확산으로 온전한 우리만의 브랜드 구축이다. 지금부터 하나하나 살펴보자.

1) 브랜딩에 대한 내부적인 공감으로 만들어낸 미션 스테이먼트(Mission statement)

B2B 비즈니스를 하는 회사들의 궁극적인 목적은 단순히 제품이나 서비스를 팔고 끝나는 게 아니라, 단골을 만들어서 평생 고객으로 서로가 윈윈하는 파트너십을 구축하는 것이다. 그렇기 때문에 다양한 접점에서 제품보다 우리가 어떤 회사인지를 먼저 알려야 하는 경우가 많다. 마케팅 일을 하면서 때로는 클라이언트로 다양한 협력회사들을 만나고, 때로는 경쟁 PT를 통해 함께 일할 파트너를 선정하는데, 그때마다 중요하게 보는 부분이 가격이나 제안보다 '이 회사가 어떤 회사인지, 회사의 구성원들은 어떤 사람인지, 어떤 레퍼런스가 있는지, 내가 믿고 함께 할 수 있는 회사인지'를 중요한 덕목으로 본다. 그런 의미에서 유명한 회사나 브랜드가 아니라면 회사를 소개하는 첫 페이지에 "우리는 어떤 회사이고, 우리가 고객에게 제공할 수 있는 가치는 이것입니다."라고 명쾌하게 정의 내리고 시작하는 회사는 뭔가 다르게 보인다.

이처럼 회사의 존재 이유와 목적, 그리고 대고객 핵심가치를 몇 문장으로 정리한 것을 전문용어로 '브랜드 미션' 혹은 '미션 스테이트먼트Mission statement'라고 이야기한다.

많은 책과 전문가들에 의해 Manifesto, Value statement 등

그 개념이 다양하게 표현되고 혼동되기도 하지만, 중요한 핵심은 개념이 아니라 '어떤 진심을 고객에게 약속하고 싶은지'이다.

이슬람 종교에 빗대어 '테슬람'이라고 불리며 강력한 팬덤을 자랑하는 Tesla는 홈페이지에서 테슬라 브랜드의 미션을 이렇게 정의한다.

"Tesla is accelerating the world's transition to sustainable energy with electric cars, solar and integrated renewable energy solutions for homes and businesses."

"Tesla는 가정과 기업을 위한 전기 자동차, 태양열 및 통합 재생 에너지 솔루션을 통해 지속 가능한 에너지로의 전 세계 전환을 가속화하고 있습니다."

글로벌 CRM 솔루션인 세일즈포스의 브랜드 미션은 이렇다.

"To empowers companies to connect with their customers in a whole new way."

"기업이 완전히 새로운 방식으로 고객과 연결될 수 있도록 도와준다."

세계 최대의 소셜네트워크서비스인 페이스북은 어떨까?

"*To give people the power to build community and bring the world closer together.*"

"사람들에게 커뮤니티를 구축하고 세상을 더 가깝게 만들 수 있는 힘을 제공합니다."

Intel inside의 인텔도 살펴보자.

"*Delight our customers, employees, and shareholders by relentlessly delivering the platform and technology advancements that become essential to the way we work and live.*"

"우리가 일하고 생활하는 방식에 필수적인 플랫폼과 기술 발전을 끊임없이 제공하여 고객, 직원 및 주주를 기쁘게 합니다."

덴마크에 본사를 둔 세계 최대의 해운그룹 머스크Maersk는 심플하고 명쾌하게 이렇게 약속한다.

"*Maersk is an integrated logistics company. We go all the way to connect and simplify global trade for a growing world."*

"머스크는 통합 물류 회사입니다. 우리는 성장하는 세계를 위해 세계 무역을 연결하고 단순화하기 위해 최선을 다합니다."

　개인적으로 이상적이고 멋진 말들이 가득한 브랜드 미션 보다는 오히려 좀 더 현실적이고 가슴에 와닿는 건 머스크 다. 우리에게 익숙한 브랜드는 아니지만, 머스크는 20년 넘 게 글로벌 컨테이너선사 세계 1위를 유지하고 있는 선도기 업으로, 기업의 존재와 회사의 궁극적인 목표를 누가 들어 도 이해하기 쉽게 '우리가 어떤 비즈니스를 하는 기업인지', '내게 어떤 가치를 줄 수 있는지'를 절제된 언어로 약속한 다. 또한 기업 상대 고객 상담 솔루션을 제공하는 국내의 중 소기업 '해피톡'은 "더 전문적인 고객 상담 솔루션을 지원해 최적의 CX 업무 환경을 제공합니다."라고 이야기하는데, 이 역시 명확하게 와닿는다.

　하지만 실제로 B2C에 비해 많은 B2B 기업들은 브랜딩에 대해 많이 소홀했기 때문에 명확한 브랜드 미션을 가지고 있는 회사가 많지 않다. 때론 국내의 많은 기업들은 사훈이 나 캐치프레이즈를 브랜드 미션과 혼용해서 사용하기도 한다. 내부에서 브랜딩을 책임지고 체계적으로 담당하고 있는 부서가 없는 경우가 태반이다 보니, 이는 어찌 보면 당연한 결과다. 그래서인지 막상 큰 결심을 하고 브랜딩을 하려고 하면 외부의 전문가부터 찾아 A부터 Z까지 다 맡겨버리려는 습성이 있다. '저희가 해본 적이 없으니 그냥 잘 알아서 해주세요'라고 말이다. 이렇게 맡긴 브랜딩의 결과물은 짧게는 3개월, 길게는 6개월 동안 회사에서는 아무도 모르게(실제로는 윗분들만 알고 있다) 진행이 되다 총 100여 장의 장황한 PPT 문서로 대표님께 최종 보고 된다. 그리고 얼마 후, 누가 들어도 정말 멋진 미션 스테이트먼트와 핵심가치들, 페르소나와 CI^{Corporate Identity} 디자인(보통 로고 타입과 심벌로 구성)까지 '짠' 하고 나온다.

멋들어지게 나온 미션 스테이트먼트와 CI는 오피스마다 걸어 붙이고, 홈페이지는 새롭게 리뉴얼된다. 이 모든 결과물에 돈 들인 티를 내기 위해 근무시간을 쥐어짜 사내 교육이 진행되고, 언론에도 홍보한다. 또 야유회에 가서는 대표님과 함께 미션을 제창한다. 그렇게 몇억짜리 브랜딩 작업이 끝나고 몇 개월이 지나고 나면, 마치 무슨 일이 있었냐는듯 직원들은 미션 스테이트먼트가 뭘 말하는지, 핵심가치는 무엇이었는지 모든 걸 깡그리 잊고 업무에 몰두한다. 브랜드 미션이 걸린 현판은 그렇게 낡아빠진 유물이 되어가는 것이다.

위의 상황은 웃픈 일이지만, 실제로 많은 회사들이 이렇게 똑같은 절차를 거치며 브랜딩에 실패한다. 그 이유는 브랜딩이 대표님과 소수 부서만의 일로 치부되며 전 조직 구성원과 공감대가 이뤄지지 않았기 때문이다. 아이에게 무조건적으로 공부를 하라고 외치는 것보다 '왜 공부를 열심히 해야 하는지', '열심히 공부한 것을 어디에 써야 하는지', 그 기준을 먼저 알려줘야 납득과 공감을 얻어낼 수 있듯이, 회사 직원들에게도 '왜 우리한테 브랜드 미션이 필요한지', '이 미션이 고객에게 주는 가치는 무엇인지', '이걸 어디에 쓸 것인지' 차근차근 알려주고 공감대를 이뤄야 한다. 그래서인지 최근에는 미션 수립을 위한 첫 단추부터 내부 구성원인 직원들의 목소리를 면밀히 듣고 함께 동참시키는 경우도 많다.

시장의 트렌드, 사회변화, 업의 DNA 등 브랜드의 미션 수립에 필요한 전통적인 Logical background와 더불어 내부 구성원들의 의지를 함께 녹여 반영할 때 좀 더 강력한 Bonding이 가능하다.

2) 전 직원의 브랜드 내재화 '싱크로나이제이션'

브랜딩에 대한 내부적인 공감과 미션 스테이트먼트가 수립되었다면 이제부터는 모든 직원들의 브랜드 내재화가 필요하다. 고객에게 일관된 브랜드 경험을 제공하는 첨병 역할을 하는 것이 바로 직원들이고, 이들이 브랜드 미션을 온전히 공유하고 있어야만 제대로 된 브랜딩이 가능하기 때문이다.

IT의 발전으로 고객은 시간과 공간의 한계를 넘어 다양한 채널(홈페이지, 영업사원, 서비스센터 등)을 통해 우리 브랜드를 접하고 있는데, 각 접점의 메시지가 다르고, 소통의 방식이 다르다면 고객에게 혼란을 주고 궁극적으로 신뢰마저 잃게 된다. 그렇기 때문에 모든 기업의 커뮤니케이션 채널(비대면+대면)이 싱크로나이제이션이 되어 같은 목소리를 내야 한다. 실제로 브랜딩 잘한다고 소문난 기업들은 브랜드 미션수립도 중요하지만, 내부의 '싱크로나이제이션'에 더 많은 공을 들이고 있다. 엄청난 팬덤을 보유하고있는 '애플'과 '나이키'가 그렇고, 가까이는 '배달의 민족'이 일례다.

앞에서 언급한 사례를 예로 들면 '더 전문적인 고객 상담 솔루션을 지원해 최적의 CX 업무 환경을 제공합니다'라는 미션을 선보인 해피톡이라면, 고객을 직접적으로 만나는 홈페이지에서 '전문적인 고객 상담 솔루션' 회사임을 알리는 톤앤매너와 콘텐츠를 보여줘야 하고, 상품기획이나 개발단에서는 최고의 전문적인 상담 솔루션을 끊임없이 기획하고 개발해야 한다. 또 영업에서는 고객과 상담을 할 때마다 '우리는 경쟁사와는 다른 전문 상담 솔루션'임을 지속적으로 알려야 한다. 이렇게 내부의 일관된 목소리가 외부로 똑같이 전해질 때 브랜드는 '진정성'이라는 힘을 얻고 뻗어 나갈 수 있다. 그렇기 때문에 많은 회사들이 내재화를 위해 다양한 노력들을 하고 있다. 이 노력들 중에 가장 핵심적인 것을 꼽자면 아래 다섯 가지들이다.

첫째, 대표의 지속적인 관심을 이끌어내 경영 활동 전반에 미션의 핵심가치가 투영될 수 있도록 제도화하는 것이다. 예를 들어 전사 전략이나 큰 방향에 미션을 반드시 투영시키고 지속적으로 언급하고 강조하며, 채용이나 평가, 육성처럼 제도화할 수 있는 부분은 구체적으로 룰을 셋팅해서 조직원의 자연스러운 체득을 유도한다.

둘째, 조직 구성원들의 주도적 참여를 위한 다양한 '인센티브 캠페인'이다. 예를 들어 '직원 아이디어 공모와 시상', '칭찬 릴레이' 등과 같은 사내 캠페인을 통해 지속적인 관심과 참여를 유도할 수 있다.

셋째, 구성원들의 생각과 행동을 변화시키는 지속적인 교육과 프로그램 개발이다. 내외부 명사 특강, 워크숍, 온·오프라인 세미나 등 내부 혹은 외부 전문가를 봉한 지속적인 자극과 격려가 필요하다. '유명한 강사를 불러 교육을 시키면 단번에 알아듣겠지?'라는 안일한 생각으로 일회성으로 끝내면 며칠은 자극이 되겠지만, 쉽게 잊힌다. 인간은 망각의 동물이다. 게다가 직장에서 교육받는 걸 좋아하는 직원은 거의 없다. 그러니 교육을 진행할 때는 직원들에게 '단순교육'이라는 인상을 최소한으로 줄이고, 기업의 장기적인 플랜을 짜서 꾸준히 진행해야 한다. 중소기업이라면 최소 1년 이상, 대기업이라면 최소 3년은 연속적으로 해야 브랜드 미션이 추구하는 가치에 스며들고, 자신의 업무라는 의미로 다가온다.

넷째, 커뮤니케이션 채널 및 소통형식의 다양화를 추구해야 한다. 동료들 간의 소통도 좋지만, 무엇보다 임직원과의 소통을 위한 다양한 SNS 채널을 개설해 경영진과의 격의 없는 1:1 소통을 해야 한다. 요즘 MZ 세대들은 대표 앞에서도 스스럼없이 자신의 의견을 개진한다. 구세대 입장에서는 다소 버릇없다 생각할 수 있지만, 이런 자유롭고 수평적인 소통 없이 내재화는 절대 불가능하다.

마지막으로 내재화 및 고객과의 공유, 소통 수준을 체계적으로 점검, 관리하는 프로세스 확립이다. 이를 위해서는 모니터링 측정방식을 구체화하고(설문, 진행절차 등) 고객 피드백 시스템을 구축해야 하는데, 대부분이 '돈이 많이 든다'는 이유로 소홀히 한다. 하지만 미션 스테이트먼트 선포가 의미 없는 선언이 되게 하지 않으려면 지속적인 성과측정과 피드백의 선순환 구조가 꼭 시스템화되어야 한다. **브랜드는 믿고, 공유하고, 소통하고, 점검해야만 살아남는다.**

3) 정확한 타깃 분석과 적극적인 소통과 확산

일반적인 B2C 대기업들이라면 브랜드를 알리기 위해 광고, 홍보, 디지털 플랫폼, 매장 등 고객이 브랜드를 만나는 모든 접점에 전방위적으로 비용을 투자해 단시간 안에 소기의 성과(인지도 향상, 매출 증가 등)를 이루려고 할 것이다. 하지만 B2B는 타깃이 구체적으로 겨냥되고 최종구매까지 오랜 시간과 과정을 거치기 때문에 대중을 향한 매스커뮤니케이션보다는, 타깃 고객에 집중한 미디어 선택과 장기간의 지속적인 캠페인이 더 중요하다. 물론 획기적인 아이디어나 바이럴을 통해 인지도를 빠르게 끌어올릴 수도 있으나 확률적으로 가능성이 높지 않다.

특히 B2B는 타깃 고객 발굴에 보다 많은 시간과 노력이 필요하기 때문에 더 세밀하게, 그리고 장기적으로 반복 진행되어야 한다. 예를 들어 미국 사업에 열정적인 영상 의료 기기 기업 X센서가 디지털 광고 캠페인을 통한 미션 선포 및 브랜드 인지도 제고를 목표로 한다면, 우선 '누구에게 광고를 노출할 것인지'를 고민해야 한다. 그러기 위해선 직업과 연령, 관심사 등 고객 데이터를 분석해 구체적인 타깃을 발굴하고, 타깃별로 활용 가능한 미디어 믹스(어떤 매체에 예산을 얼마나 배정하고 해당 매체를 어떻게 운영할 것인지에 대한 상세 플랜)를 설계해야 한다. 그리고 성과 분석을 통한 반성과 개선점을 반영해 타깃을 확장하는 프로세스를 반복 진행해야 한다.

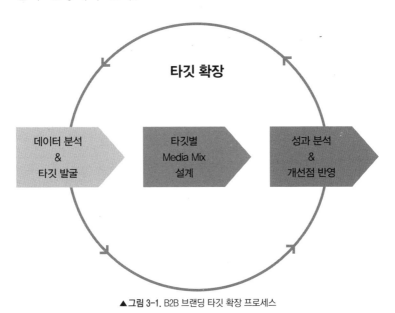

▲그림 3-1. B2B 브랜딩 타깃 확장 프로세스

또한 앞에서 언급한 GE나 포스코의 사례처럼 회사가 보유한 Owned media (조직이 자체적으로 보유한 미디어로 홈페이지나 페이스북Facebook 페이지, 트위터Twitter 계정, 유튜브YouTube 채널 등과 같은 자사 소셜 미디어)를 통해 끊임없는 콘텐츠 소통과 확산이 함께 진행되어야만 캠페인이 힘을 얻는다. 그런 힘은 타깃뿐 아니라 그 주변 이해관계자들까지 자연스럽게 확산되면서 궁극적으로 경쟁사와는 차별화된 우리만의 온전한 철학과 고객가치, 즉 브랜드 미션을 함께 공유하고 이야기하며 하나씩 차곡차곡 쌓여간다. 그러면서 안 좋은 얘기도 듣고, 혼도 나고, 겸허히 반성하고, 칭찬도 받으면서 '~스러운', '~다운' 브랜드로 커가는 것이다.

디지털 시대에 기업의 가치를 만들어내는 것은 매출이 아니라, 디지털 플랫폼에 축적된 열렬한 팬덤이다. 브랜딩을 통해 기업의 가치를 올리고, 차별화를 통해 궁극적으로 강력한 팬덤을 구축하는 것은 모든 기업이 꿈꾸는 목표이다. 하지만 목표를 달성하기까지 몇 년 아니 몇십 년이 걸릴지도 모른다. 이를 위해선 뼈를 깎는 수많은 시도와 노력을 거쳐야 하고, 어느 정도 희생이 뒤따르더라도 손실을 각오해야만 변화의 속도에 발맞출 수 있고, 궁극적으로 강력한 팬덤이 구축되는 우리만의 브랜드가 완성된다.

3-2
허를 찌르는 한 수!
인텔이 노트북 광고에 돈을 대는 이유

· · ◆ · ·

첫 직장인 광고대행사에서 삼성전자를 주님(업계에서 광고주를 보통 '주님'에 빗대어 호칭)으로 모시고 일을 한 적이 있었다. 당시 주요 업무 중 하나가 매월 삼성전자 제품들(냉장고, 휴대폰, PC 등)의 TV 광고비를 정리해서 주님께 청구하는 일이었는데, 당시 한 달 광고비로 약 50억 정도를 책정해서 정리했다. 물론 지금은 시간이 꽤 흘러 물가가 올랐으니 더 많은 비용이 책정될 것이다.

삼성전자의 많은 제품 중 노트북 광고는 다른 제품과 달리 정확하게 방송시간과 횟수를 체크해서 일정 양식에 맞게 보고해야 했다. 그 이유는 인텔 CPU가 들어간 노트북 광고 중 일정 시간 이상 '인텔 inside' 로고와 징글(상업적으로 사용되는 짧은 길이의 곡으로 땡땡땡~땡을 기억할 것이다)을 노출하면 약 30% 정도의 광고비를 인텔에서 지원해 주기 때문이다. 즉 이번 달에 삼성전자 노트북 광고에 10억을 썼다면 그중 3억은 인텔에서 보조해 주는 셈이다. 삼성뿐 아니라 LG전자나 다른 노트북 광고도 모두 'intel inside'를 적용했다. 이것이 그 유명한 인텔의 '인텔 인사이드' 브랜드 캠페인이다.

▲그림 3-2. 인텔 인사이드 Logo

인텔은 B2B 비즈니스에서 브랜드에 대한 인식의 전환을 통해 성공을 거둔 대표적인 기업이다. 인텔은 1991년부터 브랜드 강화 전략을 수립하고, '인텔 인사이드 캠페인'을 대대적으로 펼쳤다. 인텔 인사이드 로고를 PC에 부착하고 제조사에서 광고를 지원하는 이 캠페인 덕에 전 세계 사용자들은 '컴퓨터 CPU' 하면 '인텔'을 떠올리게 됐다.

인텔은 이 자리까지 오기 위한 브랜드 홍보를 위해 천문

학적인 비용을 투자했고, 2021년 기준 브랜드 가치[●]가 19위, 순수 B2B 기업으로는 시스코에 이어 2위다.

> "'인텔 인사이드'는 대표적인 브랜드 개발을 통하여 B2B 중심의 기업의 가치를 획기적으로 개선시키고 활성화시켰다. 우리는 노트북에 인텔 펜티엄, i5들의 스티커가 붙은 것만으로도 소비자가 안심하고 신뢰하고 있다는 걸 알고 있다. 인텔은 컴퓨터의 부품에 지나지 않은 것에서 소비자들에게 많은 가치를 부여하고 인식의 전환을 위해 노력했다.
>
> 'PC의 핵심은 CPU고 그것을 인텔이 만든다.'라는 PC의 핵심으로 포지셔닝 함으로써 PC 구입에 대한 소비자 인식의 초점을 변화시켜 PC 산업의 주도권을 제조업체에서 '인텔'로 이동시키는 원동력이 되었다."
>
> 출처: 신윤천, 한국 마케팅연구원 논문
> 〈B2B도 브랜딩은 중요하다〉 DBpia

[●] 브랜드 가치: 고객의 구매 행동에 영향을 미치는 무형의 기업 자산으로, 제품이나 서비스가 브랜드를 통하여 만들어내는 부가가치를 의미한다

01	02	03	04	05
![Apple]	![Microsoft] Microsoft	amazon	Google	SΛMSUNG
+18% 482,215 $m	+32% 278,288 $m	+10% 274,819 $m	+28% 251,751 $m	+17% 87,689 $m
06	07	08	09	10
![Toyota]	Coca-Cola	![Mercedes]	Disney	![Nike]
+10% 59,757 $m	0% 57,535 $m	+10% 56,103 $m	+14% 50,325 $m	+18% 50,289 $m
11	12	13	14	15
![McDonalds]	TESLA	![BMW]	LOUIS VUITTON	CISCO
+6% 48,647 $m	+32% 48,002 $m	+11% 46,331 $m	+21% 44,508 $m	+14% 41,298 $m
16	17	18	19	20
![Instagram]	FACEBOOK	IBM.	intel.	SAP
+14% 36,516 $m	-5% 34,538 $m	+3% 34,242 $m	-8% 32,916 $m	+5% 31,497 $m
21	22	23	24	25
Adobe	CHANEL	HERMÈS PARIS	J.P.Morgan	▶ YouTube
+23% 30,660 $m	+32% 29,259 $m	+27% 27,398 $m	+14% 24,335 $m	+16% 24,268 $m

▲그림 3-3. 2022 글로벌 브랜드 순위 (출처 : 인터브랜드 Best Global Brands 2022)

많은 사람들이 '컴퓨터 CPU' 하면 인텔을 떠올리듯이 스마트폰은 아이폰, 전기차는 테슬라, 커피는 스타벅스처럼 강력한 브랜드들은 모두 엄청난 추종자들인 팬덤을 보유하고 있다. 이들은 자신들이 추종하는 신제품에 광적인 애정을 보이고 해당 브랜드를 자신의 자아실현을 위한 도구로 활용하기도 한다.

'난 아이폰을 쓰고 스타벅스를 마시는 인플루언서'이고,

'난 테슬라를 타는 얼리어답터'라는 문구는 이미 자신을 드러내는 하나의 아이덴티티가 되었다. 이처럼 브랜드의 힘은 그 어떤 제품의 뛰어난 기능보다 막강하다. 그렇기 때문에 많은 기업들이 수십 년 동안 브랜딩에 천문학적인 돈을 투자하고, 그 브랜드를 유지하고 리뉴얼하면서 끊임없이 노력한다. 브랜딩은 단순히 상품에만 국한된 것이 아니다. 현재 전 세계적으로 엄청난 팬덤을 구축한 BTS 역시 성공한 글로벌 브랜드에 속한다. 아마 이들의 가치는 웬만한 대기업 버금갈 것이다.

이에 반해 대부분의 B2B 기업들은 주요 거래 품목이 일반적인 소비자를 상대하는 제품이 아니다 보니 브랜드 같은 '심리적 요소'보다는 제품의 품질, 납기, 가격 등과 같은 객관적인 요인들이 계약을 결정짓는 요소가 된다. 그 결과, B2B 기업에게 브랜딩은 일견 사치스러운 것으로 느껴지고 그다지 큰 관심사에 속하지 않았다. 하지만 **인텔의 사례처럼 결국 재가공되거나 2차 유통되더라도 최종 소비자에게 전달되는 제품들이라면, 브랜드의 역할은 무엇보다 중요하다.** 또한 엄밀히 말하면 B2B가 기업 간 거래라고는 하지만, 결국 그 안에서 구매 결정을 하는 최종 결정권자들 역시 마음을 움직여야 할 '사람'이다 보니 이들 역시 사용자의 요구를 고려하지 않을 수 없다.

예를 들어 공동주택에 납품되는 빌트인 가전(천정형 에어컨, 오븐 등)이나 대리석, 벽지 등 자재를 구매할 때 예전에는 건설사가 이윤을 극대화하기 위해 무조건 싼 가격의 제품들을 구매했지만, 요즘은 최종 고객의 눈높이에 맞추기위해 가격이 비싸더라도 유명 브랜드의 제품을 선택한다.

하루가 멀다 하고 기술이 또 다른 기술을 갈아엎고, 기업간 경쟁이 치열해지다 보니 자사 제품의 경쟁 우위, 또는 차별화를 이끌어낼 수 있는 니즈는 계속해서 커지고 있다. 또한 소셜 미디어 등을 통한 소비자들 간의 연결이 강화되면서 제품이 하나의 문화 현상으로 접목돼 브랜딩에 대한 인식에도 큰 변화가 만들어졌다.

실제로 글로벌 상업용 공조기기 시장의 강자인 일본의 다이킨은 이런 브랜드 존재감 때문에 성능면에서 별 차이가없는 LG나 삼성보다 평균 20% 이상의 값을 더 받고 있고, 최종 고객 입장에서도 '다이킨 에어컨이 들어간 건물'에 대한 가치를 더 높게 평가한다. 그렇기 때문에 다이킨은 협상이나 입찰에 항상 최우선 고려대상으로 초청받는다.

글로벌 첨단 기술 산업 기업인 GEGeneral Electric 역시 인텔만큼이나 브랜딩에 상당히 적극적인 대표적 B2B 기업이다. GE 는 자체적으로 사업과 기술에 대한 다양한 형식의 콘텐츠를 생산해 자사의 사이트에 게재하는 '브랜드 저널리즘' 활동을 적극적으로 수행한다. 연간 혁신 보고서부터 불가능에 도전 하는 다양한 영상제작, 블로그, SNS를 통한 유용한 기술 트 렌드 정보까지 GE의 기술적 우위를 직간접적으로 확인할 수 있는 다양한 콘텐츠들을 전방위적으로 홍보한다.

좋은 콘텐츠를 지속적으로 올리는 회사는 그 분야의 전문 가라는 이미지를 갖게 한다. 이런 GE 활동의 이면에는 해당 산업군의 리더로서의 '명성'을 쌓아 의사결정자들의 관심을 환기하는 동시에, 구매 결정 절차에서 최종적으로 브랜드 가 치가 높은 제품이나 솔루션이 역으로 선택받을 가능성까지 고려한 전략이 숨어 있다.

GE리뉴어블에너지,
현대일렉트릭과 해상풍력...

할리아드 X (Haliade-X) 풍력터빈 탄소중립에 대응하기 위해 재생에너지의 하나로 해상풍력
(Offshore Wind)이 관심을 받고 있다. 해상풍력은 유럽,중국을 중심으로 빠르게 성장 중이다.
일본, 대만 등도 적극적이어서 대만은 2030년까지 10GW, 일본은 2040년까지 18GW 규모로...

자세히 보기

Featured Stories

**실용화로 한 걸음 전진 – 롱 아일랜드
에서 입증된 그린 수소의 밝은 미래**

2021년 여름, 뉴욕주 전력공사(The New York Power
Authority, 이하 NYPA)는 롱 아일랜드의 브렌트우드
발전소에서 천연가스에 그린 수소(Green Hydrogen)를

2021년 10월 11일

**천연가스 가스터빈에서 수소를 연소
하는 방법**

지난 10년간 발전 시스템에서 석탄의 사용량을
감소하고, 천연가스의 이용은 계속 증가하고 있다. BP
자료에 의하면, 2011년 이후 전세계 발전용 천연가스...

2021년 10월 27일

**열병합발전소 현대화의 핵심 – 혁신
과 효율성**

한국은 여러 산업 분야에서 혁신을 주도해 왔다.
자동차와 반도체 분야에서 리더십을 발휘하고 다양한
기술을 활용해 에너지 전환을 주도하는 것으로...

2021년 10월 17일

**KF-21 보라매 전투기 최초비행의 의
미와 기대**

지난 7월 19일 경남 사천 공군 제3훈련비행단 활주로를
힘차게 날아오르는 전투기가 있었다. 한국형 전투기
KF-21 보라매의 최초비행 모습이었다. 파일럿 안준현,

2021년 10월 11일

**GE의 차세대 XA100 전투기 엔진, 마
지막 테스트 통과**

지난 8월 GE의 XA100 제트엔진은 미국 테네시 주
아놀드 공군 기지에서 실시된 엄격한 최종 테스트를
통과했다. GE에서 운용 첨단 기술의 연구, 개발 및...

2021년 9월 28일

**GE, 작지만 고성능인 소형 가스터빈
수요 확대에 대응**

지난 10년간 풍력 발전과 태양광 발전은 급속히
보급되어 현재는 원자력 발전보다 더 많은 전력을
생산한다. 그러나 청정 에너지를 효과적으로 운용하...

2021년 9월 19일

▲그림 3-4. GE 리포트 코리아 (출처: https://www.gereports.kr)

▲ **그림 3-5.** GE 유튜브 영상 (출처: GE 유튜브 채널 https://www.youtube.com/c/GE)

국내에서는 철강기업인 '포스코'가 대표적으로 B2B 브랜딩에 공을 들이는 회사다. 포스코는 20년 전부터 꾸준히 TV 광고를 통해 대중에게 친근한 기업 이미지를 알리고, 전문가 리포트, 포스코 TV, 블로그 등 다양한 홍보 채널과 자체 제품(철판 등)을 브랜드화해 대한민국 대표 철강기업으로서의 입지를 굳건히 다지고 있다. 포스코 경영연구원의 자료에 따르면, B2B 브랜드가 최종 소비자에게는 탐색 비용과 구매 위험 감소, 심리적 불안감 해소를, 기업에게는 재구매 촉진, 프리미엄 가격 형성 등의 역할을 할 수 있다고 강조했다.

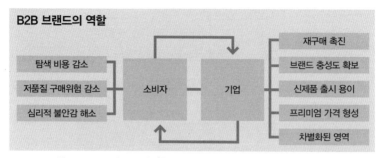

▲ 그림 3-6. B2B 브랜드의 역할 (출처: 포스코 경영연구원 https://www.posri.re.kr/)

이렇게 B2B에서도 브랜드의 역할이 중요해지면서 많은 기업들이 브랜딩에 투자를 하지만, 실제 GE나 포스코처럼 제대로 성공하는 기업들은 많지 않다. 특히 하루하루가 전쟁터에 놓여 있는 신세나 다름없는 대한민국의 작은 B2B 중소기업들의 입장에서 브랜딩은 여전히 사치스러운 행동일 수밖에 없다. 또 모든 B2B 비즈니스에 브랜딩이 꼭 필요한 것도 아니다. 하지만 앞서 언급했듯이 기업을 둘러싼 다양한 외부환경의 변화에 민감한 업종이나, 이전과 다르게 최종 소비자의 선택이 점점 중요해지는 시장의 기업이라면, 브랜딩은 진지하게 한 번쯤 고려해 봐야 한다. 그리고 하려고 마음을 먹었다면, '수박 겉핥기'식이 아닌 사활을 걸고 제대로 도전해 봐야 한다.

3-3
인플루언서 말고
에반젤리스트

• • ◆ • •

'에반젤리스트Evangelist'는 기독교에서 비롯된 단어로, '복음을 적극적으로 전파하는 사람들'을 지칭한다. 이 개념을 차용해 애플은 1984년 매킨토시 컴퓨터 마케팅을 펼치며 IT 신기술을 전파하고, 그 기술을 지지하고 따르는 사람들을 모으는 역할을 하는 '테크 에반젤리스트'라는 포지션을 만들었고, 이후 아마존이나 마이크로소프트 등 꽤 많은 회사에서 이 포지션을 전략적으로 활용하고 있다. 특히 대표적인 애플의 에반젤리스트였던 가이 가와사키가 몇 년 전 하버드 비즈니스 리뷰에 기고한 글을 보면, 에반젤리트스가 구체적으로 어떤 일을 하고 어떻게 변화해왔는지 그 매력을 엿볼수 있다.

"애플에서 내가 담당했던 임무는 매킨토시가 모든 이들의 삶을 보다 창의적이고 생산적으로 만들 것이라는 멋진 소식을 대내외에 전파하는 일이었다. 이 일은 단순한 컴퓨터 마케팅 활동과는 달랐다. 나는 매킨토시에 대한 철저한 신념이 있었기에 다른 사람들도 꼭 이 제품을 경험하기를 원했다. 현재 나는 칸바Canva라는 온라인 기반 그래픽 디자인 회사의 최고 에반젤리스트다. 나는 누구나 사용할 수 있는 디자인 플랫폼을 만드는 일을 한다. 애플에서처럼 이곳에서 역시 에반젤리스트로서 타인의 이익을 진심으로 생각한다.

그동안 많은 기업들이 고객을 잠재적 에반젤리스트로 생각해왔다. 가장 열정적인 고객은 특별한 보상 없이도 기업의 제품과 서비스에 대한 찬사를 세상에 퍼뜨리기 때문이다. 주목할 점은 고객뿐 아니라 회사의 관리자들도 좋은 에반젤리스트가 될 수 있다는 사실이다. 비단 마케팅뿐 아니라 다른 모든 부서의 관리자들도 제품의 전도사가 될 수 있다. 수십 년간 과학기술 업계에서 근무하고, 또 다른 산업 분야에서도 컨설턴트로 일하면서 나는 업무 분야와 상관없이 누구나 에반젤리스트가 될 수 있다는 사실을 알게 됐다."

출처: 〈하버드 비즈니스 리뷰〉 2015. 5월호

마이크로소프트는 에반젤리스트의 역할을 한 단계 더 발전시키고 구체적으로 디자인한 회사로 유명하다. 마이크로소프트는 MS 구성원들의 폭넓은 지식과 열정으로 고객에게 제품 및 서비스를 테스트해 보도록 하거나 흥미를 유발하는 역할을 하는 에반젤리스트를 육성해왔고, 이 외에도 비록 내부 구성원은 아니지만 고객과의 밀접한 현장에서 다양한 애로사항을 해결해주고, MS 관련 지식을 열정적으로 전파해주는 기술 전문가들에게 'MVPMost Valuable Professional'라는 공식 타이틀과 어워드를 주는 프로그램을 만들어 지금까지 20년이 넘게 발전시켜 왔다.

"Microsoft MVPMost Valuable Professional는 커뮤니티에서 Microsoft 제품 및 서비스에 대해 깊이 이해하고 있으며, 다양한 플랫폼, 제품 및 솔루션을 통합하여 실제 문제를 해결할 수 있습니다. MVP는 90개 국가와 지역에 걸쳐 4,000명이 넘는 기술 전문가와 커뮤니티 리더로 구성된 글로벌 커뮤니티에서 자신들의 열정, 공동체 의식 및 지식 탐구를 추구하고 있습니다. 무엇보다도 MVP는 놀라운 기술적 능력을 보유하고 있을 뿐만 아니라, 항상 자발적으로 다른 사용자들을 도울 의지가 있는데, 이것이 바로 MVP만의 강점입니다."

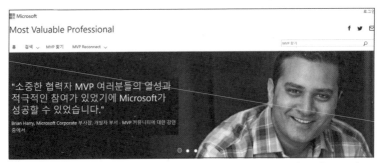

▲그림 3-7. 마이크로소프트 MVP페이지 (출처: https://mvp.microsoft.com/ko-kr/overview)

특히 국내에만도 Business Applications, Data Platform, M365 Apps & Services 등 다양한 카테고리별 61명의 에반젤리스트가 다양한 커뮤니티와 블로그를 통해 자발적으로 MS의 기술과 경험을 공유하고 전파해주며, 이를 통한 팬덤 형성에 큰 역할을 하고 있다.

▲그림 3-8. 한국 MVP로 활동중인 디자이너 윤PT님이 직접 MS에서 받은 환영인사 카드
(출처: https://blog.naver.com/rimiy/222867517758)

비단 마이크로소프트 같은 IT 소프트웨어 외에도 바이오, 콘텐츠, 기술서비스, 기계설비 등 좀 더 자세한 설명과 이해가 필요한 제품이나 솔루션을 취급하는 B2B 회사들이라면 '에반젤리스트를 통한 팬덤 구축' 전략을 무엇보다 우선적으로 고려해야 한다. 간혹 국내에서는 홍보와 마케팅에 큰 영향을 끼치는 인플루언서와 에반젤리스트를 혼동하는 경우가 있는데, 이 둘은 전혀 다른 개념으로 이해해야 한다.

에반젤리스트는 특정 분야에 대한 전문가가 해당 분야에 대한 깊이 있는 지식을 고객이 쉽고 빠르게 이해하도록 돕는 사람인 반면, 인플루언서는 주로 SNS를 기반으로 많은 팔로워(Follower: 구독자)를 통해 대중에게 영향력을 미치는 이들을 통칭하는 말로, 굳이 전문가가 아니어도 인기 있는 연예인이나 스포츠선수, 온라인 콘텐츠 창작자 등 많은 이들이 인플루언서로 활동할 수 있다.

최근 네이버 클라우드에 올라온 에반젤리스트 채용 공고를 보면 에반젤리스트가 구체적으로 어떤 일을 하는지 알 수 있다.

- 기술 콘텐츠 및 데모 프로그램 제작 및 기술 홍보
- 국내외 컨퍼런스/기술세미나/웨비나 등을 통한 네이버 클라우드 플랫폼 기술 홍보
- 네이버 클라우드 기술 커뮤니티 운영 및 인플루언서들과의 기술 교류를 통해 개발자들에게 다양한 기술과 경험을 공유

||||||||||||||||||||||||||||||||||||||||||||||||||||||||||||||||||||||||||||||||||||||||||||||||||||||||||||||||||

이 외에도 국내 몇몇 기업은 이런 에반젤리스트 개념을 차용해 기존 회사 내 포지션의 개념을 새롭게 정의하며 독특하게 활용하고 있는데, 그중 금융플랫폼 '토스'는 기업의 목표, 조직문화와 전략을 내부에 전파하고, 신규 입사자 관리와 온보딩 프로그램 등을 담당하는 포지션을 '컬처 에반젤리스트Culture Evangelist'로 정의하고 있다. 이는 결국 내부 고객을 감동시켜 더 많은 외부고객, 즉 토스의 팬덤을 구축하기 위한 노력의 일환이다.

요약하자면 **'최고의 제품과 솔루션을 만들고, 더 많은 고객에게 자사의 제품을 경험할 수 있게 알려주고 싶다'는 철저한 신념으로 고객에게 먼저 다가가, 감동을 주고 팬덤을 형성해 다른 고객으로 확산시키는 것, 이것이 에반젤리스트를 통한 팬덤 구축이다.**

B2C의 사례지만 테슬라에 푹 빠져서 이른바 테슬람® 이
되어 버린 후배가 생각난다. 그는 테슬라의 주주가 되고 모
델3를 산 뒤, 수많은 지인들을 직접 시승시켜주며 테슬라를
홍보하고 다녔다. 테슬라에서 그에게 떨어질 콩고물이나 특
별한 보상조차 없는데, '이 좋은 차를 나만 타는 게 너무 아
깝다. 많은 사람들이 함께 탔으면 좋겠다'라는 신념으로 열
렬히 홍보했다. 그의 홍보 덕에 그를 따라 테슬라를 산 지
인이 5명이나 될 정도니 이런 '에반젤리스트'들만 있다면 그
기업은 절대 망할 일이 없을 것이다.

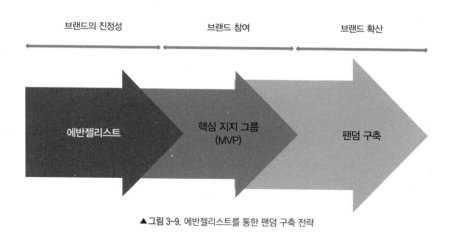

▲그림 3-9. 에반젤리스트를 통한 팬덤 구축 전략

● **테슬람:** 테슬라+이슬람, 테슬람은 미국의 전기자동차 제조사인 테슬라를 맹목적으로 추
종하는 사람들을 일컫는 단어

3-4
피하지 않고 알리는
'진정성 PR'

· · · ◆ · · ·

▌B2B 비즈니스에 PR은 사족이나 계륵이 아닐까? ⋮

2000년 초반만 해도 기업 홍보팀의 역할은 언론, 정부 관계자 관리로 한정되어 있었다. 지금은 사라졌지만 예전 홍보팀 직원들은 매일 광화문으로 출근해 조간신문을 신속히 모니터링한 뒤, 기자 대응과 접대, 보도자료 작성 등과 같은 '신문 가판 모니터링' 업무를 해야 했다. 하지만 IT의 발전과 뉴미디어(소셜 네트워크 서비스, 메타버스 등)의 등장으로 누구나 쉽고 빠르게 정보에 접근하고 공유할 수 있게 되자 이해관계자의 범위가 넓어졌고, 이로 인해 기업 내 PR의 역할이 점점 더 커지게 되었다. 이제는 단순 홍보가 아닌 보다 광범위한 의미의 PR이 필요해진 것이다. 그래서인지 우리가 이름만 들으면 아는 웬만한 기업들에서 이제 '홍보팀'이라는 이름은 찾아보기 힘들다. 홍보팀은 이제 '커뮤니케이션팀'이나 '미디어 전략팀' 등으로 이름을 바꾸고, 언론뿐 아니라 고객과 직접 소통하는 쌍방향 커뮤니케이션에 더 초점을 맞추고 있다. 하지만 안타깝게도 여전히 국내의 많은 B2B 기업들은 마치 다른 나라에 살고 있듯이, 여전히 PR의 역할을 언론, 정부 관계자 관리 정도로 축소해 홍보팀이라는 이름 그대로 20년 전 업무를 반복하고 있다. 그들은 이런 핑계로 홍보의 의미를 축소한다.

"어차피 우리 회사는 B2B 기업이라 기사 몇 줄 더 나간다고 포크레인을 사려고 몰려드는 것도 아닌데 뭐 하러 힘들게 홍보합니까?"
"우리는 가만히만 있어도 본전은 합니다. 시끄러워져서 좋을 게 별로 없어요."

B2B 홍보 관련 담당자들로부터 이런 얘기를 듣는 것이 이제는 익숙해졌고, 또 한편으로는 이해도 간다. 하지만 앞에서 언급했듯이 최종 소비자들의 정보 습득 능력과 활용은 엄청나게 향상되었고, 기업의 사회적 책임을 강조하는 문화

가 큰 흐름으로 자리 잡으면서, 원료나 부품, 특수 장비 제조 등 전통적인 B2B 기업에도 고객들이 높은 잣대를 들이대며 관심을 보이고 있다.

물론 광고 같은 Paid media를 통해 단기간에 긍정적인 이미지 형성을 기대할 수는 있지만, 일방적인 전달만으로는 한계가 있고, 비용도 만만치가 않다. 반면 PR은 제3자인 언론매체나 블로그 등 Earned media를 통해 정보가 자연스럽게 전달되고 공유되는 것이기 때문에, 보다 신뢰를 주고, 예상 밖의 기대를 낳기도 한다.

여기저기 채용공고를 내도 한 달에 이력서 한 장 받는 것조차 어려웠던 한 작은 B2B 중소기업 사장님이 우연한 기회에 언론에 '지역경제에 이바지하는 착한 강소기업'으로 취재기사가 나가자 지원자가 늘고, 거래처로부터 칭찬과 호응이 이어져 관계도 좋아지고, 자연스럽게 직원들의 자부심도 강해지면서 PR의 힘을 깨달았다는 말 한마디는 결코 웃어넘길 일이 아니다.

디지털 시대의 모든 글과 이미지, 기록들은 디지털화되어 인터넷 속에 계속해서 저장되고 공유된다. 아직도 많은 검색엔진들은 언론사의 기사 콘텐츠나 화제가 되는 이슈들을 상위에 노출하고 있다는 점들을 고려할 때, B2B도 이제 PR

은 간과하고 피할 것이 아니라, 적극적인 대응과 전략으로
선제적으로 취해야 할 것으로 받아들여야 한다.

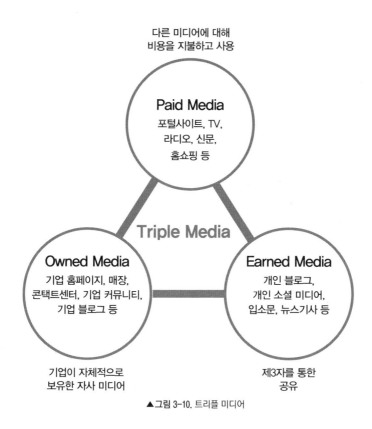

▲그림 3-10. 트리플 미디어

▌PR인 듯 PR 아닌 PR 같은 전략적인 기사의 활용 ⋮

사회가 다변화되고 시장에서의 경쟁이 더욱 치열해지면서
PR의 목표도 다양해졌다. 그렇다 해도 B2B 비즈니스에서

PR의 주요 목적은 '기업 브랜드에 대한 좋은 평판을 구축하고, 대중 및 비즈니스 파트너와 긍정적인 관계를 유지하는 것'임에는 큰 변함이 없다. 이는 곧 긍정적인 브랜드 이미지로 이어지고, 자연스럽게 기업가치를 제고해 지속적으로 성장할 수 있는 토대를 만들어 준다. 이런 좋은 평판을 구축하고 긍정적인 관계를 유지하기 위한 가장 전통적이고 강력한 방법은 제3자의 객관적인 보이스, 특히 신뢰받는 언론사나 연구기관 등의 긍정적인 목소리의 확산이다.

이로 인해 많은 B2B 기업에서는 신기술 발표나 비즈니스 관련 제휴와 협력, 수상, 행사 등 기업의 이미지에 도움이 되는 일반적인 사항들이 있을 때면 보도자료를 작성해서 전체 미디어를 통해 배포한다.

실제로 내가 B2B PR 매니저로 일을 하는 동안 가장 많이 작성하고 배포한 기사들 역시 '모 고객사으로 부터 10억 수주', 'OO공단이 주는 OO상 수상', '매출 OO억 달성' 등의 논평이나 의견을 배제하고 사실만을 소재로 쓴 발표 기사_{Straight article} 형식이 많았다. 하지만 이런 기사들은 고객이 듣고 싶어 하는 뉴스가 아닌, 회사가 고객에게 하고 싶은 말을 미디어를 통해 전달하는 일방적인 메시지이다. 그래서 대중의 호응과 확산을 이끄는 데는 한계가 있다. 좀 더 PR에 힘을 기울이는 B2B 기업들은 칼럼니스트나 업계전문가 등을 통한 현안 이슈와 트렌드에 대한 분석과 통계, 의견 등을 가미해 자연스럽게 기업의 메시지를 녹이는 기획기사Feature Story에 더 많은 신경을 쓴다. 이런 기획기사는 단순 사실 발표 기사보다는 훨씬 손이 많이 가지만 흥미롭고 유익하기 때문에 공감을 통한 확산에 보다 유리하고, 전체 미디어에 배포하기보다는 주제에 맞춰 타깃 매체를 골라 제공하기 때문에 일관된 주제를 통한 전략적인 메시지 전달에도 효과적이다.

예를 들어 아래 [그림 3-11]처럼 사무환경 전문 기업 퍼시스의 '퍼시스, IFS 프랜차이즈 박람회 참가'라는 기사는 행사 참가를 알리는 일반적인 발표 기사지만, '재택근무 시대 '배민'은 왜 사무실에 '수영장'을 만들었을까?'라는 기사[그림 3-12]는 다양한 회사의 미래 오피스 모습을 사례와 함께 직접 탐사하며 그 속에 퍼시스를 함께 녹여내는 전략적인 기획기사다. 여러분이 독자라면 어떤 기사에 더 시선이 가겠는가?

Λ www.asiatoday.co.kr › view

퍼시스, 'IFS 프랜차이즈 박람회' 참가 - 아시아투데이

퍼시스는 16일 창업 박람회 '**IFS 프랜차이즈** 박람회'에 참가한다고 밝혔다. 이번 박람회에서 **퍼시스**는 오피스 컨설턴트(OC) 직군을 알리고 채용 확대에 나설 예정이다.오피스 컨설턴트는 사무환경 전문가로서 기업의 업무·문화적 특성을 고려한 오피스 공간을 제안한다. 현..

2022.10.16.

▲**그림 3-11. 퍼시스 발표 기사 사례**
(출처: 아시아투데이 뉴스 https://www.asiatoday.co.kr/view.php?key=20221016010007096)

재택근무 시대 '배민'은 왜 사무실에 '수영장'을 만들었을까
동시에, **재택근무**도 찰할 수 있는 공간"이라고 설명했습니다. ※ 이 기사는 '성장의
경험'을 나누는 콘텐트 구독 서비스 '폴인(fol:in)'과 사무환경 전문 기업 '**퍼시스**'가...

▲그림 3-12. 퍼시스 기획기사 사례
(출처: 네이버 중앙일보 뉴스]https://www.joongang.co.kr/article/25058025)

해외 B2B 기업들의 기획기사는 더욱 다양하고 고도화된
형태로 전달되고 공유된다. 덴마크의 다국적 에너지 기업
'Ørsted'는 기업과 지방 정부의 협업 사례를 소개한 '영국 동
부 해안에서 재생 가능 에너지 생산'이라는 기사를 통해 친
환경 에너지 리더십과 지역 고용 및 기회 확대 등을 홍보하
며 대중과 파트너들의 흥미를 이끌어냈다[그림 3-13].

▲그림 3-13. Ørsted 기획기사 사례
(출처: The roadmap to a green recovery begins with renewable energy | Power of green | The Guardian)

이렇게 다양한 기사들을 바탕으로 브랜드의 이미지, 대중과의 긍정적인 관계 구축의 기본 토대를 쌓을 수는 있지만, 보다 넓은 확장과 이슈화를 위해서는 이런 기사들을 콘텐츠화해서 다양한 형태로 다변화할 필요가 있다.

예를 들어 위의 퍼시스의 기획기사를 단순히 신문 매체로만 끝낼 것이 아니라 온라인으로도 활용 가능한 멀티미디어 콘텐츠나 SNS용 이미지, 또는 인포그래픽 형태로도 제작해서 더 많은 고객들과 공유하고 소통하는 것이 최근에는 더 중요하다. 이를 전문용어로 'One Source, Multi Use'라고 부르는데, 이런 콘텐츠 다변화 역시 뉴미디어 시대에 PR 매니저의 큰 역할이다. 또한 타깃 미디어도 꼭 해당 업에서만 머물지 말고, 연계 산업 미디어로 확대, 고도화할 필요가 있다. 예를 들어 철강업계라고 꼭 철강 관련 매체에만 머물지 말고, 건축, 인테리어, 환경, 디자인까지 확대해 다양한 미디어들과의 시너지를 낸다면 더 흥미있는 스토리를 가진 콘텐츠가 만들어질 것이다.

❘ PR만큼 중요한 브랜드 PROTECTION ⋮

"디지털과 *SNS*의 발달로, 비즈니스 환경이 보다 다양해져 수많은 이해관계자가 복잡하게 얽혀있는 시대가 도래했다. 과거에는 원 방향 커뮤니케이션으로 인해 이를 통제할 수 있는 부분이 있었다면, 지금은 정부 기관, *NGO*, 심지어 관련 파트너사들도 포함된 다양한 이해관계자와의 커뮤니케이션을 통합적이고 전략적으로 관리해야 한다. 그렇지 않을 경우, 언제 어디에서 이슈와 위기(리스크)로 터질지 모르기 때문이다."

글로벌 *PR*컨설팅사 힐앤놀튼 정현순 대표이사

브랜드를 적극적으로 알리는 Promotion이 B2B PR의 중요한 목표라면, 쌓아 올린 브랜드를 보호하는 일인, Protection은 선택이 아닌 필수다. 전통적으로 많은 B2B 기업의 경우 에너지, 제조, 화학 등의 업종이 많아 ESG Environmental, Social and Governance(기업의 사회·환경적 활동까지 고려하여 기업의 성과를 측정하는 기업 성과 지표)관점에서 사회적인 이슈가 될 만한 잠재적인 취약성을 항상 가지고 있다. 앞에서도 언급했듯이 이제는 기업의 사회적 책임을 강조하는 문화가 큰 흐름으로 자리 잡고 있어, 하나의 불리한 이슈만 터져도 그

동안 어렵게 쌓아 올린 브랜드 평판을 한순간에 무너뜨리기도 하고, 회사의 존폐 역시 좌지우지될 수 있다.

최악의 위기관리 실패 사례로 꼽히는 것 중 하나는 엑손 발데스호의 알래스카 해상 오염사고다. 1989년 유조선 엑손 발데스호가 알래스카 청정 해안에 좌초되면서 25만 배럴의 원유가 유출되었는데, 당시 엑손의 CEO는 사건이 발생된지 며칠 동안 책임을 회피하고 기자회견을 거부하다 뒤늦게 TV에 출연해 망언을 뱉어냈다. 기름 제거 계획에 관한 기자의 첫 번째 질문에 "기계적인 소소한 계획을 일일이 다 검토하는 것은 세계적인 대기업 회장이 할 일이 아니다."라고 답하며 사건을 자회사인 엑손 선박의 책임으로 국한시키고 회피하려다가 모든 언론과 대중의 적이 된 것이다. 소통의 골든 타임을 놓치고, 책임 회피와 감정 공감 없이 대응하던 엑손은 결국 어마어마한 벌금과 정화 비용, 매출 감소 등으로 인해 최소 70억 달러 이상의 손실을 봤다. 만약 이 사건이 지금 같은 디지털 시대에 발생했고, 똑같은 대응을 했다면, 아마 엑손은 70억 달러 이상, 아니 회사의 존폐 위기까지 걱정해야 했을 것이다.

국내에도 이와 비슷한 사건이 있었지만, 전혀 다른 태도로 대처한 기업이 있다. 2014년 1월 여수 GS칼텍스 원유 2

부두에서 유조선 우이산호(싱가폴 선적)가 송유관과 충돌한 사건이었다. 당시 쏟아져 나온 기름이 조류를 따라 금세 인근 마을 해안까지 덮쳐 마을 주민들이 큰 피해를 입게 되었는데, 사고 원인은 유조선의 무리한 접안 시도인 것으로 나타났다. 물론 GS칼텍스의 고의적인 잘못이 아닌지라 억울한 부분이 없지 않았겠지만, GS칼텍스의 대표이사인 허진수 부회장은 엑손과 달리, 사고 직후 직접 대국민 사과와 피해 복구 노력 등 회사 차원의 해결 의지를 피력하며 소통의 골든 타임을 놓치지 않았다. 대국민을 향한 사과 메시지에서는 무엇보다 피해 복구에 가장 큰 중점을 둔 것이 국민들의 뇌리에 깊게 박혔다.

그는 "첫 번째로 국민에게 사과드리고, 두 번째는 피해 주민들에게 사죄하고, 세 번째 자원봉사자와 국군장병 등 2차 이해관계자의 노고를 위로하고, 마지막으로 석유 수급 차질에 대한 우려"까지 언급했다. 당시 GS칼텍스의 허진수 부회장의 진정성 있는 사과는 회사와 그 밖의 전체 이해관계자들에 대한 배려와 위기관리 능력이 돋보이는 처세로 꼽힌다.

"위기관리란 발생한 일에 대해 해명하는 것이 아니라, 일어난 사건에 대해 해당 기업이 어떤 조치를 취하는 것이다"

라는 많은 PR 전문가들의 조언처럼 위기관리 측면에서 보면 GS칼텍스의 처세는 엑손과는 다른 효과적인 대응이었다. 사고가 일어났을 때는 해명보다는 해결을 해야 하고, 홍보를 할 때는 단순 PR뿐만 아니라 모든 일에 있어서 정도를 지키고 진정성을 보이는 것이 해법임을 잊지 말아야 한다.

무엇보다 먼저
피해복구에
최선을 다하겠습니다

전남 여수시 낙포동 원유 2부두에서 벌어진 싱가포르 국적의 우이산호 충돌 유류유출 사고로 인해 국민 모두의 마음에 걱정과 우려를 끼쳐드린 점, 진심으로 사과드립니다.

피해주민에 대한 빠른 보상과 완벽한 방제작업 마무리로, 피해지역 주민들이 이번 일의 상처를 잊고 다시 일어설 수 있도록 관계 기관과 협조하여 최선의 노력을 다하겠습니다.

특히 추운 날씨에도 아낌없이 땀을 흘려주시는 자원봉사자와 해경, 여수시 및 국군장병 등 관계 기관 여러분의 큰 도움도 잊지 않고 마음 깊이 새기고 있습니다.

아울러, 이러한 불의의 사고가 재발하지 않도록 관계 기관과 함께 총력을 기울이는 한편, 우리나라 석유 수급에도 차질이 없도록 최선을 다하겠습니다.

GS 칼텍스 ㈜ 대표이사 허진수
임직원 일동

▲그림 3-14. GS칼텍스가 사고 후 게재한 주요 일간지 1면 하단광고

4장.

고객 경험은
덧셈이 아닌 곱셈이다

'고객 경험'의 궁극적인 목적은 '불편함은 제거하고, 즐거움은 더하는 것'이다. 그러니 가장 중요한 것은 고객의 입장에서 불편함을 주는 요소가 무엇인지 파악해 제거하고, 어떻게 더 편하게 즐거움을 줄 수 있을지 고민해 보는 것이다.

4-1
고객 경험이 도대체 뭐길래?

• • • ◆ • •

세계적인 IT 및 네트워킹의 선도기업인 '시스코'는 2019년 기술지원·서비스 조직을 모두 CX Customer Experience(고객 경험) 사업부로 통합했다. 이는 공식적으로 고객 경험 조직을 출범시키며, 시스코 제품과 기술을 사용하는 고객들이 우수한 경험을 할 수 있도록 고객 라이프사이클 전체의 긴밀한 지원을 약속한 상징적인 개편이다.

정의선 현대차 그룹 회장은 2022년 신년사에서 "고객이 혁신 성과를 경험하도록 하자"라며 고객과 인류의 더 나은 미래를 위한 노력을 당부했다. SK 최태원 회장도 "고객과의 관계가 기업가치를 결정한다"고 강조하면서 테슬라의 팔로워 수(937만 명)를 사례로 들며, 고객과 더 많은 접점에서 관계를 맺는 기업이 미래 현금흐름에서 앞서갈 것이라고 강조했다. 또한 글로벌 리서치 회사인 포레스터 보고서에 따르면, B2B, B2C 분야 모두에서 지난 5년간 고객 경험 분야의 임원의 수가 1000% 이상 늘어난 것으로 조사됐다. 유수의 기업들이 너도나도 외치는 '고객 경험'이란 도대체 무엇을 말하는 것일까? 관계자의 말을 들어보자.

> "고객 경험, 즉 CX란 'Customer eXperience'의 약어로 기업과 고객 간 접점의 총체적인 흐름을 일컫는다. 이는 소비자가 제품이나 서비스를 인지하는 순간부터 구입·사용··수리·폐기·재구매까지의 전체 과정에서 고객이 느끼는 경험과 정서 전부를 대상으로 한다."
>
> 이향은 『트렌드코리아』 저자 & LG전자 CX담당

사실 '고객 경험'이라는 단어는 크게 새로운 것이 아니다. 이 개념은 IT의 발전으로 인터넷 대중화가 한창이던 2003년, 콜롬비아 비즈니스 스쿨의 번트 슈미트 교수가 자신의 저서 『CRM을 넘어 CEM으로』에서 처음 제시했던 용어다. 그 이후 팬데믹 기간 동안 전 세계가 디지털로 대이동하고, 오프라인의 치열한 생존전략이 대두되는 등의 환경적인 요건이 마련되면서 자연스럽게 '고객 경험'이 큰 화두로 떠오르기 시작했다. 기업들은 예전부터 알고 있던 개념이었음에도 마치 신조어를 맞이한 듯 호들갑을 떨기 시작했다. 이제 어느 회사나 '고객 경험'이 들어가지 않는 부서가 없다. 고객 경험 혁신팀, 고객 경험 마케팅팀, 디지털 고객 경험팀, 고객 경험 디자인팀 등 기존에 있던 팀명을 바꾸고, 새로 팀을 만들고, 전문가를 영입하는 등 '고객 경험'이라는 단어는 마치 유행처럼 번지고 있다.

B2B 기업들이 B2C보다 '고객 경험' 측면에서 한참 뒤처져 있는 건 사실이다. 제품이나 서비스의 특성상 트렌드에 민감하지 않고, 오랫동안 관행적으로 지속되어 온 거래 관계가 많을 뿐만 아니라, B2C만큼 고객과의 접점이 다양한 곳에서 빈번하게 발생하지도 않기 때문이다. 그래서 납품 전까지 고객사의 요구사항(납기, 스펙, 견적 등)에 신속하고 철저하게만 대응했고, 다양한 접대성 행사(세미나, 트립)를 통한 리워드 등에 치중해왔다. 하지만 디지털 기술과 융복합 산업의 발전, 새로운 플랫폼의 등장으로 인해 전통적인 먹거리가 흔들리고 다양한 거래 관계가 형성되면서, 이제 B2B 기업들도 기존 방식으로만 사업을 영위할 수 있는 시대는 지났다. 특히 B2B 기업들의 매출구조를 자세히 들여다보면, 상당수가 소수의 고객사로부터 매출의 상당 부분을 기대고 있는데, 이는 한번 쌓은 신뢰 관계는 크게 깨지는 일이 없다는 장점도 있지만, 만약 틀어진다면 큰 타격을 입는

다는 단점 또한 내포하고 있다. B2C는 고객 1명을 잃지만, **B2B는 몇천 명의 단체 고객을 잃게 되는 것이다.** 안타깝지만 우리나라 수많은 중소기업들이 이런 운명에 처해있다.

경쟁에 익숙한 앞서가는 B2C 기업들은 지난 수년간 고객의 요구사항에 맞춰 인프라와 비즈니스 모델을 혁신해오고 있으며, 데이터 분석을 통해 다양한 비즈니스 기회들을 발굴하고 있다. 또한 수많은 고객 접점마다의 이해관계자를 파악하고, 예상되는 고객 행동과 더 나은 경험을 위해 우리가 부족한 부분이 뭔지, 어떻게 개선해야 하는지 심도 있게 분석하고 파악하기 시작했다.

소비자들의 매장 이용 데이터를 경영상의 의사결정과 마케팅, 신상품 출시 등에 적극적으로 반영하는 스타벅스나, 방대한 양의 데이터를 분석해 개개인에 맞춤화된 서비스를 제공하는 넷플릭스가 대표적인 사례다. 물론 B2B 기업 중에 고객 경험을 중시하며 새로운 운영을 시도한 업체도 있다. 일반적으로 외상 어음거래를 하는 보수적인 철강 유통 시장에서 업계 최초 D2CDirect to Consumer(제조사가 가격 경쟁력을 높이기 위해 중간 유통 단계를 제거하고 온라인 자사몰, 소셜미디어SNS 등에서 소비자에게 직접 제품을 판매하는 방식)플랫폼을 구축해 시장의 판을 새롭게 짠 '스틸 1번가'가 대표적인 기업이다. 이처럼 B2B 기업들도 고객의 요구사항에 신속하게 대응하고 탁월한 고객 경험을 제공하면서 끊임없이 새로운 고객 창출에 매진해야 지속 성장할 수 있다.

‘고객 경험’의 궁극적인 목적은 ‘불편함은 제거하고, 즐거움은 더하는 것’

일부 회사는 ‘고객 경험’을 제대로 실천하기 위해 회사 내 본부나 팀을 만들고, 전사 차원에서 새로운 프로세스를 만드는 일부터 시작한다. 그러나 그런 거창한 그림부터 그리는 일은 그다지 좋은 출발이 아니다. 물론 계획했던 대로 진행이 되면 좋겠지만, 밑그림을 크게 그릴수록 앞으로 나아가기까지 너무 큰 기회비용이 소요되기 때문이다. 그리고 결정적으로 고객이 실제로 피부로 느끼기까지는 너무 오랜 시간이 걸린다.

‘고객 경험’의 궁극적인 목적은 ‘불편함은 제거하고, 즐거움은 더하는 것’이다. 그러니 가장 중요한 것은 고객의 입장에서 불편함을 주는 요소가 무엇인지 파악해 제거하고, 어떻게 더 편하게 즐거움을 줄 수 있을지 고민해 보는 것이다. 기업은 상품을 인지하는 출발점, 탐색, 콘택트, 협상, 구매 후 사용, 유지관리까지 모든 경로를 세밀하게 그려보는 것에 집중해야 한다. 예를 들어, 기업용 IT 시스템 회사 관점에서 본 고객 여정 지도를 일반적인 순서에 따라 그려보면 크게 아래와 같이 7단계로 정리해 볼 수 있다.

고객 여정	인지	탐색	콘택트	협상	구매	유지&보수	리뷰&평가
고객 행동	- 세미나, 미팅등에서 접함 - 지인 추천, 대화중 인지 - 방송이나 신문 등에서 접함 - 광고를 봄	- 브랜드 홈페이지에 방문해 정보 탐색 - 검색사이트에서 다른 제품 비교 - 후기 확인 - 지인에게 문의	- 전화로 문의 - 이메일로 연락 - 홈페이지로 문의 - 지인추천 받아 영업사원에게 전화	- 영업사원과 미팅 - 기술지원 부서 미팅 - 내부 이해관계자 미팅 - 구매관련 협상	- 계약 진행 - 솔루션 설치	- 고장 상담 - 불편사항 접수 - 연관제품 관심	- 제품 평가 - 추천, 비추천 - 추가 제품 구매
채널 (장소, 사람)	- TV, 신문, 잡지 - 지인 - 온라인	- 브랜드 홈페이지 - 경쟁사 홈페이지 - 블로그, 커뮤니티 - 지인	- 브랜드 홈페이지 - 콜센터 상담사 - 챗봇, 이메일 - 영업사원	- 영업사원 - 기술지원담당자 - 구매 담당자	- 영업사원 - 설치 담당자 - 구매 담당자	- 서비스 센터 - 기술지원담당자 - 영업사원	- 영업사원 - 지인

▲ 그림 4-1. 기업용 IT시스템 회사의 고객 경험 여정 맵 사례

신규 시스템을 도입할 때는 보통 미팅, 지인 추천, 광고 등을 통해 상품을 인지한 후, 생산성 향상, 비용 절감 효과 등 현재 대비 장점이 있다고 판단되면 탐색단계로 넘어간다. 그리고 해당 상품의 브랜드 홈페이지를 방문해 어떤 솔루션인지 자세한 정보를 찾아보고, 검색사이트에서 다른 제품을 비교 분석한 뒤, 주변의 추천 등을 받아 후보군을 추리고, 우선순위에 따라 전화나 이메일로 문의를 한다. 이후 영업사원과 미팅을 통해 시스템에 대한 상세설명을 듣고 사내 이해 관계자들(구매, 관리팀 등)과 추가적으로 조율하고 가

격을 협상한 뒤 우선 협상자를 추린다. 그런 다음 최종 결재 권자에게 보고 및 승인을 얻은 뒤 구매가 결정되면 시스템 설치가 진행되는데, 적용 초기에는 잦은 문의와 불편사항의 빠른 대응을 위해 전담 기술지원팀이 밀착 지원하고, 이후 에는 서비스 센터에서 유지 및 보수를 맡는다. 이렇게 시스 템이 어느 정도 적응이 되면 제품에 대한 정량적, 정성적인 평가가 이뤄지는데, 이 평가를 통해 향후 지속적인 거래 관 계가 결정되고 추천과 비추천으로 이어지기도 한다.

이런 수많은 고객과의 접점에서 만약 고객이 우리 회사에 대한 정보 탐색을 위해 휴대폰으로 홈페이지에 방문했는데 모 바일 최적화된 페이지가 아니어서 불편함을 느꼈거나, 주말 이라 전화 연락이 어려워 이메일로 연락처를 남겼는데 며칠이 지나서야 연락이 온다면 당연히 기분이 나쁠 것이다. 또한 미 팅 시 영업사원이 고객의 질문에 제대로 된 답변을 못하거나 설명이 충분하지 못하다면 아무리 이름난 회사의 평판이 좋은 솔루션일지라도 높은 점수를 받지 못할 확률이 높다. B2B는 B2C에 비해 복잡하고, 느리고, 이해관계자도 많다. 그런 반면 거래 규모가 훨씬 크고 안정적이다. 그렇기 때문에 오히려 더 욱 고객과의 모든 접점과 그 사이의 다양한 상호작용들이 매 끄럽고 즐거워야 한다. 이것이 바로 고객 경험 관리가 B2B에 서도 매우 중요한 이유다.

4-2
우리도 고객 경험 관리(CXM) 좀 해볼까?

• • • • ◆ •

▌말 한마디로 천 냥 이상의 거래가 시작된다 ⋮

김태평 부장이 호기롭게 시작한 단체급식 서비스 '컴퍼니 푸드'는 현재 어떻게 운영되고 있을까? 잠시 잊고 있었지만 회사는 초반 거래처를 뚫는 데 난항을 겪고 있던 것으로 기억된다. 현재 '컴퍼니푸드'는 다행히 안정적으로 거래처를 뚫었고, 적극적인 마케팅 덕분에 홈페이지 방문자 수가 늘어나면서 전화상담문의가 많아지기 시작했다. 하지만 가격이나 회사에 대한 일반적인 단순 문의가 많고, 그나마 관심 있는 곳과의 통화가 몇 번 이어지는 듯하다 어느 순간 연락이 끊겨버리기도 한다. 직원들도 하루 종일 문의 전화만 받다 보니 처음에는 자세히 설명하며 친절하게 응대하지만, 시간이 갈수록 지치기도 하고, '또 문의만 하고 끝날 건가?' 하는의구심에 상담의 질도 떨어지는 것 같다. 그렇다고 무턱대고 미팅부터 하자고 하면 상대방이 부담스러워해 미팅의 첫 글자도 건네지 못한다. 이제부터는 통화 상담의 질을 높이고 고객 분석을 통해 가망고객을 추릴 필요가 있다.

예를 들어 A라는 고객이 처음 전화 후 '알아보고 전화를 다시 주겠다'라고 한 후 전화가 다시 안 온다면 고객 응대에 무슨 문제가 있지는 않았는지 돌아봐야 하고, 먼저 연락을 해볼 필요도 있다. B라는 고객은 3번 통화를 했지만 그 이후 연락이 없다면 어떤 부분이 결정적으로 고객을 돌아서게 만들었는지 Pain point를 찾아 개선해야 한다. 바로 지금부터가 고객 경험 관리가 필요한 시점이다.

일반적으로 B2B는 B2C 콘택트 센터의 수준만큼 문의 대응이 전문적이지 않은 것이 현실이다. 막상 전화를 해보면 전문 상담원이 아니라 영업사원이나 서비스센터 직원이 받거나 ARS로 넘어가는 경우가 다수다. 하지만 앞에서 강조한 것처럼 B2B 비즈니스도 고객 경험이 더욱 중요해지면서 한 통의 전화라도 고객이 직접 전화를 준 것이라면 이런 고객에게는 단순 응대가 아닌 최대의 만족을 주어야 한다. 그래서 통화를 마친 뒤 고객이 '여기 응대가 괜찮네. 좀 더 자세히 얘기를 듣고 싶다'라는 마음이 들게 해야 하는 것이다.

이런 서비스를 제공하기 위해서는 궁극적으로 통화 상담의 질을 높여야 하는데, 이를 위해서는 해당 상품에 대한 일정 수준 이상의 지식을 갖춘 전담 상담원이 필수적이다. 특히 코로나로 인한 비대면의 대중화로 상담원의 중요성은 최근 몇 년 새 더욱 높아졌다. 그만큼 상담원은 여전히 상품이나 서비스의 구매 및 유지에 있어 가장 강력한 첨병 역할을 한다.

물론 상담원을 뽑는다고 해서 고객 응대가 하루아침에 좋아지는 건 아니다. 가장 기본적인 인사부터 각 상황별 응대, 고객을 배려하는 표현 숙지, 불만 처리 응대까지 세부적인 CS 매뉴얼을 만들어야 하고, 모든 상담 내역을 녹음한 후 '내 화법이 고객에게 어떻게 들리는지', '실수는 없었는지', '응대에 불편함은 없는지' 등 장시간에 걸쳐 분석하고 잘못된 부분은 고치면서 끊임없이 개선해야 한다.

또한 통화 기록 역시 고객명으로 하나하나 저장해서 처음 연락한 고객과 다시 연락한 고객에 대한 응대가 달라져야 한다.

예를 들어 한 달 전에 전화한 고객에게 "안녕하세요? 컴퍼니푸드입니다."와 "안녕하세요? 지난번에 문의하신 ○○○

이시죠? 다시 연락 주셔서 감사드립니다."는 고객 입장에서 전혀 다른 느낌을 받기 때문이다. 그렇기 때문에 전화 상담이 많은 회사라면 체계적이고 효율적인 고객 상담 관리를 위해 발신자 확인, 상담녹음, 이력관리 등이 가능한 콘택트 센터 솔루션이 반드시 필요하다[그림 4-2]. 요즘은 각 통신사에서 중소기업고객을 상대로 고객상담관리 프로그램들이 많이 개발되어 있어서 저렴한 가격으로 구입이 가능하다.

▲ 그림 4-2. 콘택트 센터 솔루션 사례 (출처: 클라우드 기반 IPCC 솔루션 EICN)

또한 상담원의 응대가 어려운 주말이나 휴일에는 24시간 응대가 가능한 챗봇을 통해 단순 문의에 대응하고, 정성이 담긴 자동 메시지 등을 보내 고객만족도를 높이는 부분도 고려해 볼 필요가 있다. 개인적인 사례로 회사의 단체보험 가입을 위해 S사와 L사 그리고 D사까지 세 곳에 전화를 걸어 똑같은 질문으로 궁금한 점을 물어본 적이 있었다. 그 중 특히 S사의 응대가 정말 훌륭했던 기억이 있다. L사나 D사의 경우에는 내 질문에 형식적으로 답을 하는 느낌이 들었는데, S사는 질문에 대한 답과 부연설명 그리고 부족한 부분이 없었는지 꼼꼼히 챙기는 점이 '아, 정말 내게 최선을 다 하는구나! 가입하려면 여기서 꼭 해야겠다'라는 생각이 들었다. 고객과 가장 가깝게 마주하는 상담센터 상담원들이 진심을 담아 친절하게 상담하고 기분 좋은 경험을 준다면 어떤 고객이 그 상품이나 서비스를 마다하겠는가?

　마지막으로 추천할 것은 주기적인 전문강사의 진단과 교육이다. 실제로 B2B 비즈니스를 하는 회사의 콘택트 센터 컨설팅을 잠시 담당하면서 CS 강사를 초빙해 강의를 부탁한 적이 있었는데, 생각보다 호응이 높았고, 특히 회사의 대표 역시 그동안 소홀히 했던 부분을 반성하면서 개선의 터닝포인트를 얻을 수 있었다고 했다.

"늘상 우리들은 손님을 어떻게 불러 모을지만 생각하는데 사실은 손님이 오는 것보다 어떤 기분으로 돌아가는지가 훨씬 더 중요하다. 아무리 손님을 불러 모아도 그 손님이 다음에 또 와주지 않는다면 우리는 계속해서 손님을 개척해야 한다. 미소와 친절과 정성을 다

한자로 '고객顧客'의 뜻풀이를 하면 돌아볼 고顧와 손님 객客으로 '다시 한번 돌아보는 손님'을 뜻한다. 그렇다면 우리는 손님을 돌아보게 만들기 위해 최선을 다하고 있는가? 지금 즉시 상담원 혹은 나와 고객의 통화내용을 유심히 들여다보자. 말 한마디로 천 냥 빚을 갚는 게 아니라 천 냥 이상의 거래가 시작될 수 있으니 말이다.

▌마케팅 자동화로 고객 경험을 발 빠르게 확대하라 :

자, 이번에는 영상의료 광학기계 제조회사 'X센서'의 상황을 들여다보자. 'X센서'는 미국시장 개척을 위해 홈페이지를 구축하고 SEO에 많은 공을 들이면서 하루 평균 천 명 이상이 홈페이지에 방문한다. 하지만 Lead는 고작 10건 미만이다. B2B 인더스트리 평균 홈페이지 방문자 수 대비 Lead 전환율이 2.5% 정도인데, 1%도 되지 않는 건 문제가 있다는 것이다. 그러니 당연히 X센서는 온라인상의 매끄러운 고객 경험 관리를 위한 진단과 분석이 필요하다.

고객이 홈페이지 접속 후 얼마나 머무는지, 어떤 콘텐츠를 주로 보는지, 접수창은 쉽고 빠르게 접근할 수 있는지, 상담 접수 시 접수 확인 메일이 자동으로 발송은 되는지, 고객이 메일을 확인했는지, 메일 속의 콘텐츠는 충분했는지, 현재 몇 번의 이메일이 오갔는지 등 홈페이지 방문부터 Lead 생성 그리고 가망고객으로 전환되기 전까지의 모든 디지털상의 여정이 데이터로 기록, 보관되어야 한다. 흔히 알려진 구글 애널리틱스나 어도비 애널리틱스 등이 대표적인 웹사이트 분석 솔루션으로 책이나 유튜브의 도움을 받아 조금만 배워 기본적인 분석(홈페이지의 방문수, Duration, 인기 페이지, 페이지 이탈률)만 하면 담당자가 상시 모니터링을 할 수 있다. 만약 홈페이지 방문자도 많고 머무는 시간도 짧지 않은데 Lead가 적다면 Lead 페이지가 제대로 작동되는지, 고객 정보를 과하게 요구하지는 않는지 등의 추론과 자세한 검증이 필요하다.

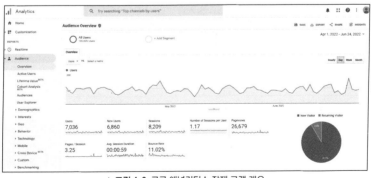

▲ 그림 4-3. 구글 애널리틱스 잠재 고객 개요

Lead 생성 후로는 이메일이나 채팅, 전화 등으로 추가적인 고객과의 커뮤니케이션이 이어지는데, 이 또한 효과적인 관리가 필요하다. 특히 이메일 커뮤니케이션을 단순히 고객의 메일에 답장을 해주는 것으로만 생각한다면 큰 오산이다. Lead의 숫자가 많아지면 많아질수록 이메일의 종류도 단계별, 고객별로 세분화할 필요가 있고, 이 모든 것에는 자동화가 필요하다. 이메일 마케팅 자동화는 사소하지만 시간을 잡아먹는 업무들 중 가장 큰 효율성을 보인다. 예를 들어 접수 확인 감사와 단순 응답 이메일부터 고객들의 니즈와 상황에 맞는 개인 맞춤 메시지, 신상품 고지, 정기적 뉴스레터까지 B2B Sales 모든 단계에 걸쳐서 광범위하게 활용되면서 생산성을 높여준다. 이 많은 메일이 자동화되지 않고 일일이 수기로 작성해야 한다고 상상해보자. 생각만으로도 정말 끔찍할 것이다. 이름만 바꿔서 똑같은 메일을 수십, 수백 명에게 보내고 심지어 어떤 메일은 이름도 없이 Dear Sir로 무차별적인 이메일 공격을 가해야 하는데, 이런 메일은 볼 것도 없이 바로 스팸 메일로 처리된다.

특히 자동화를 통해 좀 더 효율적으로 더 많은 가망고객을 뽑아낼 수가 있는데, 예를 들면 상담접수 확인 감사 메일을 빨리 열어 본다거나, 신상품 고지 메일 클릭률을 높이는 등 조금만 더 콘택트하면 거래로 이어질 것 같은 가망고객 리스트를 Lead 스코어링을 통해 쉽게 선별할 수 있다.

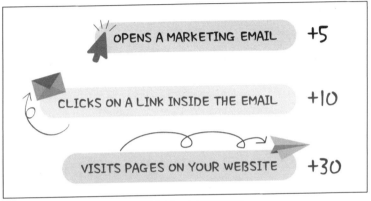

▲ 그림 4-4. Lead 스코어링 예시

또한 단순 스코어링 외에도 구체적인 고객 세분화를 통해 좀 더 구매 가능성이 높은 고객 필터링 역시 자동화로 쉽게 진행할 수 있다. 고객들 중에 프로모션 이메일을 한 번이라도 열어봤고, 마케팅 이벤트에 동의했으며, 6개월 이내 구매 계획을 가지고 있는, 서울에 거주하는 40대 고객 역시 마케팅 자동화를 통해 쉽게 추려낼 수 있다.

▲ 그림 4-5. 세일즈 포스 Pardot을 활용한 이메일 마케팅 자동화 사례

이렇게 한번 추려진 Qualified lead, 즉, 가망고객 리스트만 영업부에 전달하면 시간 낭비를 크게 줄이면서 거래 확률을 높일 수 있다. 이메일뿐만 아니라 온라인 챗, SNS 운영, 프로모션 웹페이지 생성 등 Lead 육성을 위한 다양한 마케팅 활동 등도 마케팅 자동화 툴을 통해 효율적으로 운영이 가능하다.

궁극적으로 마케팅 자동화는 디지털상의 긍정적인 고객 경험을 확대하고, 마케팅 활동을 구조적으로 파악하여 전략적 판단과 실행을 할 수 있도록 기여한다. 다행히 이런 마케팅 자동화 툴도 서비스형 소프트웨어SaaS, Software as a Service(장기 렌탈) 형태로 많이 개발, 보급되어 있어 기업 입장에서 여러 옵션을 고려해 필요한 부분만 선택해서 적용할 수 있다.

검색창에 마케팅 자동화만 쳐도 나오는 엘로쿠아, 세일즈

포스 Pardot, 허브스팟 등이 대표적으로 알려진 툴이고, 실제 세계적인 기업이나 국내 유수의 기업들도 많이 사용하고 있다. 물론 회사의 리소스 상황을 고려해서 비용 대비 효과와 적용에의 검증이 필요하지만, 아직도 아웃룩이나 MS 오피스 문서 등을 통해 Lead가 관리, 공유되고 고객 경험에 대한 데이터가 분석이 안 되고 있다면 진지하게 고려해 봐야 한다.

현재 전 세계의 53억 명이 하루 평균 거의 5시간씩 스마트폰을 사용한다고 한다. 이제 오프라인뿐만 아니라 디지털 상의 고객 경험은 아무리 강조해도 지나치지 않는다.

4-3
B2B 기업의 존폐를 결정짓는
마스터키 After-Sales Service

• • • ◆ •

B2C와 다르게 B2B는 Sales Closing(계약 후 납품 완료) 이후에도 품질 유지보수나 기술 서비스가 지속적으로 필요한 경우가 많아 판매 후 꾸준한 지원이 필수다. 예를 들어 앞서 얘기한 IT 시스템이나, 의료 광학기기, 상업용 냉난방기기 같은 시스템이나 시설 관련 장비들은 무엇보다 중요하다.

판매 후 유지보수는 사용 중 에러 대응, 고장 수리, 부품 교환부터 소프트웨어 업그레이드까지 제품의 수명 기간 동안 해당 제품이 제대로 운영될 수 있도록 지속 관리해 주는 것을 뜻한다. 하지만 기업들이 성장을 위한 신규 매출에 더 공을 들이다 보니, 판매 후 유지보수에는 정작 소홀해지는 경우가 많다. 이미 잡아 놓은 물고기를 관리할 필요는 없다고 생각할 수도 있는데, 이는 큰 오산이다. 판매 후 유지보수 지원은 'B2B 마케팅 내 고객 경험 여정에서 가장 중요하다'고 강조하고 싶다.

많은 소비자들이 제품을 구매하기 전 가장 중요하게 생각하는 것이 실제 사용기나 상품의 리뷰다. 배달 음식 하나를 주문할 때도 리뷰나 사용자 점수를 꼼꼼히 읽어보듯이, 더욱 규모가 큰 B2B 제품의 경우, 구매 책임자는 동종업종의 회사들이 어떤 제품을 쓰는지, 제품의 만족도는 어떤지, 즉 레퍼런스 체크를 더욱더 꼼꼼하게 살펴본다. 특히 판매 후 유지보수가 중요한 제품들일수록 레퍼런스는 구매 결정의 중요한 포인트가 되는데, '이 회사 제품은 자꾸 고장이 나서 짜증이 난다', '서비스센터가 연락도 잘 안 되고 부르면 너무 늦게 온다' 등의 불만족들이 쌓이게 되면 온·오프라인상에서 안 좋은 입소문이 금세 퍼지게 되고 최종 구매 후보 리스트에서 제외될 확률이 매우 높다.

실제로 작은 공장을 운영하는 지인께서 '공장의 에어컨이 고장이 나서 애프터 세일즈 서비스에 연락을 했는데, 혹서기에 접수가 밀려 3일 후에나 방문이 가능하다고 해서 며칠을 운영을 못 하고 휴업을 한 적이 있다'는 불만을 토로한 적이 있었다. 그는 '다시는 그 회사 에어컨은 사지 않겠다'고 이를 갈면서 주위에서 에어컨 관련 문의가 오면 그 회사

만은 적극적으로 뜯어말리고 있다.

이처럼 유지보수가 제대로 이뤄지지 못하면 마케팅이나 영업에 많은 공을 들여 따온 계약이 장기간 유지되지 못하면서 다시 새로운 거래처를 찾기 위해 리소스가 낭비되어야 한다. 그리고 궁극적으로 해당 회사나 상품의 브랜드 이미지에도 치명적이다. 하지만 반대로 기존 **고객들의 유지보수 만족도가 높고, 기타 사후 지원이 잘 된다면 자연스럽게 재구매율이 올라가고, 긍정적인 소개와 추천이 이어지면서 가장 강력한 마케팅이자, 영업 무기인 레퍼런스가 된다.**

미국의 헤인즈 마케팅 보고서인 'The impact of reviews on B2B'에 따르면 10명 중 9명의 바이어가 긍정적인 리뷰를 살핀 후 해당 제품을 구매할 가능성이 더 높다고 밝혔다.

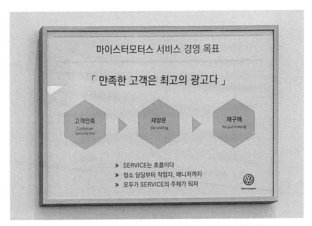

▲ 그림 4-6. 폭스바겐 공식딜러 '마이스터모터스' 서비스 경영 목표

특히 업계 Top 수준의 유명한 회사일 경우 긍정적인 입소문을 일으켜 주는 홍보대사(브랜드 앰배서더)가 되는데, 예를 들어 대기업인 삼성이나 현대가 사용하는 중소기업 제품이라면 고객들은 무조건적인 신뢰를 줄 것이다. 또한 유지보수는 기본적인 품질 보증기간이 지나면 서비스가 유료로 전환되면서 기업의 안정적인 추가 수익원이 되기도 한다. 중대형 빌딩(기업체, 공장, 상업시설 등)에 주로 들어가는 상업용 냉난방기(시스템에어컨)를 납품하는 LG전자의 경우, 기본 2년의 무료 서비스 기간이 지난 후 현장 유지보수 관리, 운영 계약을 통해 추가 매출을 올리고 있고, 클라우드 기반 콜센터 솔루션을 제공하는 EICN 역시 납품 완료 후 2년이 지나면 구축비용의 10%를 매년 운영 수수료로 받는다. 소위 요즘 뜨는 넷플릭스나 아마존의 구독 경제 시초가 B2B 비즈니스다. 이런 거래처가 늘어나면 늘어날수록 기업 입장에서는 안정적인 수익원을 확보하면서 신규 투자를 통해 상품 라인업을 늘리고, upsell(기존보다 고가의 상품 판매), cross-sell(유사 관련 상품 추가 판매)을 전개하며 생산적인 선순환을 만들어낼 수 있다.

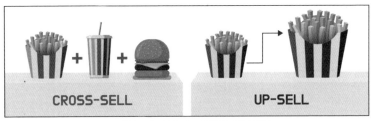

▲ 그림 4-7. CROSS-SELL 및 UP-SELL 예시

GE(항공기 엔진, 헬스케어 등 전자기기 제조업체)나 마이크로 소프트, 오라클(클라우드 서비스), UPS(운송) 같은 세계적인 B2B 기업들은 데이터 기반의 체계적인 마케팅과 영업력을 기반으로 이렇게 판매 후 관리에도 많은 공을 들이면서 수많은 고객사들과 장기적인 파트너십을 유지하며 함께 성장했다.

또한 유지보수는 동시대의 가장 큰 화두인 '지속가능성' 강화와도 직결된다. 서비스 유지보수 전문회사인 '하이엠솔루텍'의 유광열 대표는 "유지보수가 제품의 수명을 늘려 새로운 제품을 생산하기 위한 자원과 에너지 소비를 줄여주고, 최상의 컨디션으로 제품을 관리함으로써 비즈니스의 연장선상에서 눈에 보이는 숫자를 통해 말로만 외치는 지속가능성이 아닌, 성과를 올리고 보여줄 수 있는 중요한 전략"임을 역설했다.

재차 강조하지만 **B2B 마케팅의 궁극적인 목적은 장기적으로 우리 상품이나 서비스에 대해 로열티를 증대해서 평생 고객으로 삼고, 서로가 Win-Win 하는 파트너십의 구축이다.** 고객 여정의 모든 접점 속의 소중한 경험들은 하나하나 쌓여 기업의 자산이 되기 때문에 고객을 만족시키지 못한다면 지속 가능한 운영을 하기 어려워진다.

고객의 변심은 무죄다. 99번을 만족시켰더라도 단 한 번 불만족을 주면 결과는 99가 아니라 0이 된다는 점을 명심하자.

5장.

변화하는 현장에
답이 있다

B2B는 거래 과정에서 더 많은 사람을 만나고 오래도록 믿음과 신뢰가 바탕이 되어야 하는 사업이다. 적어도 B2B 마케팅을 담당하는 마케터라면 우리 파트너들에게 제품이나 기능이 아닌 '함께 만들어 가는 더 나은 미래'를 이야기해 줄 수 있어야 한다. 향하는 목표가 같다면 함께 꿈꾸는 미래도 더 커지기 마련이다.

5-1
촌뜨기 터틀넥 '잡스'를
영웅으로 만든 건 프레젠테이션이다

• • • • ◆

"역시 현장이지 말입니다!"

몇 년 전 큰 인기를 끈 웹툰을 드라마화한 〈미생〉에서 등장인물 중 한 명이 현장의 중요성을 강조하며 한 대사다. 물론 이전에도 '문제 해결의 답은 항상 현장에 있다'고 수많은 경영자들도 한목소리로 강조했다. 그렇다. 그들의 말처럼 현장은 중요하다. 현장에 있는 사람들이 듣기에 내가 이제까지 언급한 내용이 교과서적일 수도 있고, 현장과 동떨어져 있을 수도 있다. 대체적으로 현장의 영업 직원들은 "그렇게 말로만 떠들지 말고 네가 직접 해봐!", "말만 그럴듯한 게 다인 줄 알아? 영업이 뭔지도 모르면서"라고 목소리를 드높인다. 영업 외 다른 부서, 특히 마케팅도 현장을 알아야 한다는 데는 100% 동감한다. 이는 현장에서 뛰고 굴러봐야 한다는 전통적인 의미의 노가다가 아니라 고객을 만나서 이야기를 하고, 그들의 생생한 목소리를 여과 없이 듣는다는 데 의의가 있다. 더욱이 팬데믹으로 인한 비대면의 확대, 전통적인 영업활동의 제한으로 고객과의 접점이 많이 줄었기 때문에 마케팅이 선두에서 서서 IT, 온라인의 힘을 통해 새로운 방식을 가이드하고 힘을 합쳐야만 한다.

지금부터 들려드릴 이야기는 P사의 클라우드 서비스 실제 영업 현장의 사례를 인터뷰한 뒤, 어떤 문제가 있었고, 어떻게 현장에서 답을 찾았는지, 그 신랄한 과정을 조금의 각색을 더해 구성했다.

〈어느 P사의 처참한 영업 현장 이야기〉

누구나 알다시피 먼저 구축된 브랜드는 강력한 진입장벽을 이룬다. 클라우드 컴퓨팅 1위, 글로벌 1위인 AWS(아마존 웹서비스)는 우리나라에서도 70% 내외로 시장을 크게 점유하고 있다. AWS는 발 빠른 시장 진입으로 글로벌 유수 기업을 고객으로 영입한 뒤 안정적인 기술 호환, 브랜드 파워를 통해 삼성, LG, 현대 등 대기업뿐만 아니라 많은 중소기업과도 거래를 하고 있다.

P사의 클라우드 컴퓨팅은 이런 거대 공룡에 맞서 싸우기 위해

AWS와 MS의 기술진과 영업사원들을 대거 스카우트했다. 또한 경쟁사가 갖지 못한 국내 규제에 맞춘 공공서비스 보안기술을 내세워 사업을 시작했다. 처음에는 영업사원들이 기존 고객을 일부 끌어오고, 공공서비스부터 의료, 금융 분야까지 국내시장에 특화된 보안과 품질로 공격적인 외부 영업 없이도 빠르게 사업을 키웠다. 하지만 몇 년이 지나 성장이 제자리에 머물고, 신규고객 창출도 눈에 띄게 감소하게 되자, 회사는 마케팅을 통한 영업기회 창출과 지속성장을 위해 B2B 마케팅 전문가 S 팀장을 영입하기로 했다.

유능한 S 팀장은 빠르게 회사에 적응해 가면서 마케팅 조직 세팅, Lead 수집을 위한 홈페이지 업그레이드, 검색 광고 진행, 콘택트센터 세팅, CRM 솔루션 보완 등 Lead Generation부터 Nurturing까지 교과서대로 B2B 마케팅의 프로세스를 구축했다. 다들 "굳이 저렇게까지 해야 하나?" "저게 효과가 있나?" 하며 반신반의했지만 예상보다 빨리 많은 수의 Lead를 수집해 그중 거래 확률이 높은 가망고객을 필터링해서 영업팀에 전달할 수 있었다. 쉽진 않았지만 그래도 여기까지는 순조롭게 흘러왔는데, 이상하게 가망고객이 계약 성공(Deal)으로 이어지는 건수가 너무 적었다. 보통 IT 업계 평균이 5% 정도인데, P사는 1%, 즉 100건의 가망고객을 전달하면 1건만 계약으로 이어져 전환율이 너무 낮았다. 이상한 일이었다. 분명 needs가 있어 우리에게 먼저 콘택트 했고, 미팅 시 제안과 설명에 "모두들 좋아했다"라고 미팅

록에 쓰여있었기 때문이다. 그렇다고 그 회사가 다른 경쟁사와 계약을 체결했다는 소식도 없었다. 답답했다. S 팀장은 가만히 기다리고만 있으면 안될 것 같아 영업팀에 요청해 실제 고객 설명회에 직접 따라가 보기로 했다.

오늘 만나는 고객은 국내 TOP 10 안에 드는 K 병원의 과장급 이상의 저명한 교수님들로 병원에서의 직급 피라미드 상 최고 정점, 일반 회사로 따지면 임원들, 즉 최고 결정권자들이다. (실제 병원에서는 우리가 생각하는 것 이상으로 조직의 위계가 강하고, 상하관계가 상당하다)

다시 말해, 대단히 중요한 고객들이고, 엄청 바쁘신 분들이시지만 또 이런 분들일수록 다양한 지식에 대한 궁금증이 많아 매달 첫째 주 월요일 1시간씩 업계 트렌드나 최신 정보 습득을 위해 외부 강사를 초청해 세미나를 연다. 세미나는 최근 트렌드인 '의료법 및 개인정보 보안 강화'라는 주제로 진행되었고, 세미나를 준비하는 직원들이 아이디어를 내고 직접 홈페이지로 콘택트 해 요청한 건이다.

예선전 없이 한방에 결승전으로 갈 수 있는 기회였다. 다시 말해, 최고 결정권자들과의 미팅만 잘 하면 정말 큰 거래로 이어질 수 있었다. 교육, 의료 쪽을 담당하는 영업 3팀에서는 가장 실력 있는 김 과장을 링에 올렸고, 해당 팀장과 S 팀장이 함께 배석했다. 몇 번이나 연습한 PT지만 김 과장은 시작 30분 전에 도착해 계속해서 리허설을 반복했다. 세미나실에는 병원 특유의 소독약 냄새가 오늘따라 무거운 공기와 섞여 긴장감을 더한다.

드디어 예정된 시간에 흰색 의사 가운을 입은 청중들이 입장하기 시작했고, 누가 봐도 가장 권위 있어 보이는 병원장님까지 착석한 후 행정 직원의 짧은 소개와 함께 PT를 진행했다.

무심한 듯 익숙함 속에 마치 환자를 보는 듯한 예리한 의사들의 눈빛으로 뭔가 그럴싸한 상황이 만들어지는 듯했다. 하지만 PT가 진행될수록 고객들의 표정에 부정적인 안색이 돌기 시작했다. 급기야 이런 말들이 쏟아져 나왔다.

"그래서 뭘 말하고 싶은 거냐?", "화면 속에 집중이 안 된다.", "어디에 눈을 둬야 하는 거냐?", "EMR? VPN? NAS? DR 서비스? 난생처음 보는 단어들로 된 유식한 워드들은 좋은데, 솔직히 잘 모르겠다."

PT의 반이 넘어갈 즈음 S 팀장은 이미 마음속으로 절망감이 찾아왔다. '아! 이래서 안 되는 거였구나.' 한 장의 PPT 안에 읽기 어려운 크기의 폰트로 쓰인 수많은 텍스트, 여러 장표를 끼어 맞추다 보니 일관되지 않은 형식, 의도하지는 않았지만 설명할수록 더 이해하기 어려운 용어들, 강약 없이 단조로운 발표자의 목소리, 특히 청중에 대한 눈높이 분석이 하나도 이뤄지지 않은 채 일방적인 이야기만 전달해왔으니 어찌 보면 계약 성공률 1%가 당연한 결과일지도 모른다.

P사는 기술영업과 엔지니어들이 전체 회사 구성의 80%를 차지해 외부 영업 없이 성장을 해왔다. 외부의 일반적인 고객들을 만나 영업해야 하는 기회가 거의 없었던 것이다. 그렇다 보니 PT

자료 준비부터 스킬에 대한 트레이닝 역시 전무했고, 역시 이날의 현장 영업은 참패하고 말았다.

실제로 P사뿐만 아니라 내가 다녔던, 그리고 현재 다니고 있는 회사에서도 이런 일이 비일비재하게 있었고, 지금도 자주 일어나고 있다. 효과적인 PT, 대면 커뮤니케이션 스킬 등에 대해서는 구글링만 해도 수많은 좋은 글들이 나올 테니 여기서 따로 논하지는 않겠지만, 개인적인 경험으로 가장 중요한 포인트는 '동상동몽同床同夢' 즉 '같은 공간에서 함께 소통하며 같은 생각하기'이다. 하지만 현실은 대개 '동상이몽同床異夢'이다. 고객 대상 프레젠테이션 현장뿐만 아니라 일반적인 회의, 간단한 담소에서도 동상이몽은 늘 있다.

예를 들어 누군가가 바다를 얘기할 때 어떤 이는 서해를, 어떤 이는 제주도 앞바다를 떠올리고, 알파벳을 얘기할 때 어떤 이는 ABC를 생각하지만, 어떤 이는 구글(알파벳이 지주회사)을 떠올린다.

그렇기 때문에 **고객과의 모든 접점에서의 커뮤니케이션은 쉽고 간단하면서 이해하기 쉬워야 하고, 특히 영업현장의 PT는 청중과 함께 소통하며 발표자의 의도대로 모두가 같은 생각을 할 수 있게 만드는 스킬을 키워야 한다.** 그리고 그 스킬은 하루아침에 만들어지지 않는다. 고객의 눈높이에 맞춘 발표

자료 준비부터 대본 연습, 예상되는 질문에 대한 적절한 대답, 공간과 상황에 맞는 톤앤매너까지 준비와 연습에 끝이 없다.

프레젠테이션 전문가로 유명한 정진석 '더세이지 코칭 & 컨설팅'의 대표는 당당하고 자신감 넘치는 발표자의 5가지 원칙을 자신의 저서에 정리했는데, 책상 가까운 곳에 메모해놓고 발표 전에 꼭 상기해 보자.

하나, 밝고 자신감 넘치게 발표한다

둘, 대화하듯 발표한다

셋, 아이 콘택트보다는 '표정 콘택트'를 한다

넷, 제스처를 적극적으로 사용한다

다섯, 롤러코스터 같이 강조와 리듬감 있는 변화의 스피치를 한다.

삐딱한 대표도 공감할 프레젠테이션 스토리 만들기

광학 의료기기 X센서의 VIP 해외고객용 프레젠테이션 자료를 만든다고 생각해 보자. 우선 시작부터 시장의 이슈 및 고객이 관심을 가질 만한 화두를 던져 이목을 집중시켜야 한다. 최종 결정권자들이 병원의 의사들이니 광학 의료기기를 대하는 고객의 반응이나 요구사항, 정부의 규제사항, 그로 인한 시장의 흐름 등에 대한 이슈를 던지는 것이 효과적이다. 예를 들면 이런 화두들이다.

"고객들은 검사를 받을 때 '여기는 어떤 의료기기 브랜드를 쓰지?' 하고 인터넷으로 찾아봅니다."
"지금 상원에서 의료서비스와 관련해 어떤 규제와 내용들이 법안으로 준비되고 있는지 자세히 아십니까?"

이처럼 생각하고 궁금해할 화두를 던져 이목을 집중시키는 것이 중요하다. 이런 질문이나 이슈 거리를 던지면 청중들은 '아, 이거 집중해서 들어야겠네!'라는 생각을 하게 된다. 프레젠테이션에서 초두효과는 굉장히 중요하다. 첫 단추가 잘못 끼워지면 뒤에 아무리 힘을 줘도 성공적으로 마무리하기가 힘들다.

다음은 고객과 공감하기다. 제품을 직접 사용하는 의료진이 광학 의료기기와 제조업체에 기대하는 점이 무엇인지, 병원 경영진이 달성하고자 하는 바는 무엇인지와 같이 역지사지의 관점에서 사려 깊은 공감대를 형성하는 것이 중요하다. 예를 들어 이런 말을 던지면 좋다.

"장시간 사용 시의 눈의 피로도 및 그로 인한 진단에서의 어려움, 저희도 공감하고 있습니다."

"섬세한 고가의 제품인데, 사후 관리가 빠르지 않아 여러 불편이 있으신 걸로 알고 있습니다."

화려한 언변보다는 감성적인 호소와 공감이 청중의 마음을 사로잡을 수 있는 기술이다.

마지막은 우리의 솔루션, 즉 설득의 단계다. 앞서 얘기한 이슈과 공감을 잘 포장해서 왜 수많은 경쟁제품이나 서비스 중에 우리가 협업을 하면 Win-Win이 될 수 있는지 해법과 RTB(Reason to believe)를 명료하게 제안할 수 있어야 한다. 숫자적인 통계나 데이터, 관련 레퍼런스 등 논리에 근거한 메시지로 방점을 찍어야 하는 파트다.

자, 지금까지의 프레젠테이션 기법을 요약하자면 이렇다.

1) 이슈를 던져라

광학 의료기기를 대하는 고객의 변화와 선택 기준

정부 규제와 병원의 대응 방향

고품질 광학 의료기기의 중요성

시장 발전 추이 및 향후 발전 전망

2) 고객과 공감하기

의료진이 기대하는 광학 의료기기는 무엇인가?

의료기기 제조업체가 기대하는 점은 무엇인가?

병원 경영진이 달성하고자 하는 바는 무엇인가?

3) 솔루션을 제시하라

X센서 광학 의료기기 활용 제안

다양한 레퍼런스 및 인증 데이터

높은 사용 편의성, 안정성 및 신뢰성 소구

프레젠테이션의 구성 스토리 외에 폰트나 컬러도 중요한 부분이다.

첫 직장인 광고회사에서 배웠던 한 가지는 '하나의 페이지에서는 하나의 메시지만'이었다. 발표의 성격이나 현장 그리고 대상 고객이 누구냐에 따라 차이는 있겠지만, 최대한 하나의 페이지에 3개 이상의 메시지는 피하는 게 효과적이다. 메시지가 많으면 결국 장황한 설명이 되고, 논점이 흔들린다. 폰트는 가능하면 2개 이하 그리고 색은 화려한 컬러보다는 모노톤으로 가는 것이 경험적인 측면에서 가장 효과적이다. 실제 프레젠테이션 자료를 가장 많이 만드는 광고회사나 컨설팅 회사들의 발표자료를 봐도 상당히 담백하고 수수하다. "완벽함이란 더 이상 더 할 것이 없을 때가 아니라 더 이상 뺄 것이 없을 때 이루어진다."고 말한 생텍쥐페리의 명언을 굳이 빌리지 않아도 디자인의 미덕은 '단순함'이고, 이는 발표자료에도 똑같이 적용 된다.

5-2
혁신의 시작은 고객으로부터
'from offline to online'

• • • • ◆

아시다시피 철강산업은 전형적인 B2B 시장이다. 고로를 가지고 직접 철강을 만드는 소수 철강사의 독점 공급시장으로, 현재 포스코, 현대제철, 동국제강이 철강산업 전체를 이끌고 있다고 해도 과언이 아니다. 물론 수입 철강도 있지만 국산 철강에 비해 품질이 낮고, 시황에 따라 수급이 일정치 않아 국내 철강산업은 많은 경우 국산을 사용한다. 철에도 정말 다양한 형태의 제품들이 있는데, 그 용도와 공급방식에 따라 크게 두 가지로 나눌 수 있다.

우선 자동차, 전자제품, 선박 등에 들어가는 강판과 철근, 형강 같은 공사 기초재들이다. 그중 강판은 주문 제작에 의해 대량으로 철강사에서 다이렉트로 판매, 공급되기 때문에 일반 철강 유통시장에서는 구할 수가 없고, 가격도 그때 그때 다르다.

철근과 형강 같은 공사 기초재들은 건물, 지하철, 공장부터 작은 주택까지 전국의 공사현장으로 납품되는 제품들로, 보통 제강사가 선별한 일정 규모 이상의 1차 철강 유통사들에게만 독점 판매한다. 그래서 각 제강사의 1차 거래선으로 등록된 유통사들은 연매출 100억 이상의 규모로, 탄탄한 신용과 오랜 경력을 자랑한다. 그런 1차 유통사들이 3대 제강사로부터 물량과 시황에 따라 다양한 가격으로 제품을 매입하고, 그들이 매입한 다양한 철들이 전국의 크고 작은 2, 3차 유통사와 공사현장들로 판매 공급되는데, 유통의 단계가 많아질수록 당연히 가격은 올라간다.

예를 들어 A 업체가 제강사로부터 철근을 1Kg당 10만 원에 사 온 뒤 B 업체에 12만 원에 넘긴다. 그러면 B 업체는 C 공사장에 15만 원에 판매한다. C 공사장이 A 업체로부터 다이렉트로 철근을 구매하지 못하는 이유는 오래된 외상거래의 관행과 정보의 불균형 때문이다.

이처럼 공급자 중심의 시장에서는 유통의 맨 아래 단계 소비자들은 늘 손해를 보게 된다. 모든 거래는 어음으로 결제되고, 어디서 구입해야 하는지, 믿을 수 있는 곳인지 알아낼 방법도 없는 데다가, 적정한 가격인지 아닌지 가격 비교나 흥정도 제대로 하지 못한 채 기존의 거래처에서 울며 겨자 먹기로 구입하는 게 태반이다. 소비자들 또한 온라인 거래에 익숙하지 않은 높은 연령층이 주를 이루다 보니, 전화나 팩스 등 전통적인 발주 방식을 통해 거래가 주로 이루어진다. 그리고 사이즈와 재질, 길이 등에 따라 단가가 책정되는 제품 특성상 가격 산정 과정이 복잡하다 보니, 대다수 소비자들은 전화 문의에 의존하고 있다는 점도 시장의 건전한 경쟁과 발전을 막고 있는 이유 중 하나다.

50년 역사를 가지고 있는 철강 유통 기업인 '대덕강업'은 이런 공정하지 못한 시장의 거래 관행 속에서 피해를 보는 고객의 needs를 정확하게 간파했다. 그래서 고객이 모든 철강 제품의 단가 및 정보를 온라인상에서 실시간으로 확인하고 구매 및 발주까지 할 수 있도록 개선해 2018년 국내 최초로 철강 온라인 쇼핑몰 '스틸 1번가'를 런칭했다.

당초 내부 직원들은 "철강은 그렇게 파는 게 아니다. 누가 온라인으로 철을 사느냐?"라는 우려를 보였지만 모휘 대덕강업 대표는 "철강 외 다른 산업군은 모두 디지털화되고 고객 중심으로 시장이 재편되는데, 왜 우리만 이렇게 갇힌 틀 안에서 사업을 해야 하느냐? 고객이 원하는데 안될 게 뭐가 있냐?"는 철강 같은 굳은 뚝심으로 회사를 분리해 '스틸1번 가'라는 새로운 사업자로 탈바꿈한 뒤 1년여의 준비 끝에 사이트를 오픈했다.

'스틸1번가'는 오픈한 지 4년이 지난 지금, 거래량이 꾸준히 늘고, 매출액도 지속적으로 성장해 전통적인 B2B 기반의 대덕강업보다 오히려 더 큰 성과를 보이며 2022년 500억 이상의 매출을 바라보고 있다. 이렇게 급성장한 배경에는 다양한 이유가 있지만, 결국 홈페이지를 통한 투명한 가격 공시, 키워드 검색 광고와 SEO를 위한 PR과 블로그를 통한 꾸준한 마케팅이 큰 기여를 했다. 특히 2021년부터 검색엔진 노출을 극대화하고, 빠른 배송을 강조하면서 콘텐츠의 생산, 축적, 확장을 위해 꾸준히 배송현황을 블로그에 올리고 있다. 현재는 그 데이터가 이미 모든 이미지 검색을 도배할 정도다. 이에 더해 최근에는 라디오 광고를 통해 인지도를 크게 쌓아 올리면서 포스코나 현대제철과도 협약을 맺고, 철강 시장 온라인 유통거래 활성화에 큰 기여를 하고 있다. 대기업도 못한 일을 중소기업이 먼저 첫발을 뗀 혁신적인 사례다.

▲ 그림 5-1. 스틸1번가 블로그 (출처: https://blog.naver.com/steel1st)

논현동에 위치한 스틸1번가 사무실에서 만난 마케팅총괄 노영훈 실장은 철강 사업의 폐단을 지적하며 자사의 성공 비결을 이렇게 밝혔다.

"단순 매출이나 인지도도 중요하지만, 회사가 지속성장하기 위해서는 끊임없이 혁신해야 한다고 생각한다. 회사가 혁신하지 못하는 가장 큰 이유는 당장에 안주하고, 이 순간에 만족하며 항상 익숙하고 안전한 태도를 고집하기 때문인데, 특히 B2B 비즈니스가 그렇다. 그래서 스틸1번가는 처음 준비 때부터 뜻이 맞는 사람들과 새롭게 시작했다. 이제 4년이 지났고, 우리는 또 다른 혁신을 준비하고 있다.

고객들이 구매하면서 제공하는 다양한 데이터를 통해 고객의 편익을 증대하고, 어느 제품에 관심을 보이는지, 고객별 구매패턴은 어떠한지 데이터를 축적하고, 온라인상에서 최적의 고객 경험을 주려고 한다."

▲ 그림 5-2. 스틸1번가 홈페이지 (출처: https://steel1st.co.kr/)

이제 온라인으로 팔지 못하는 것은 없다고 봐야 한다. 오프라인만을 고집하는 영업과 마케팅, 한 우물만 파면서 지속 성장할 수 있는 회사 역시 이제는 드물다. 철강업처럼 아직도 불공정하고 보수적인 관행으로 움직이는 시장과 비즈니스는 여전히 많다. 누가 또 '스틸1번가'처럼 B2B 시장의 두터운 장벽을 깰 뉴 히어로가 될지 기대해 봐도 좋을 것이다.

5-3
안티프래질의 성질로
변화를 돌파하라

· · · · ◆

안녕하세요. 저는 현재 장비 제조업체 기술 영업팀에 마케팅 담당자로 재직 중인 주니어급 회사원입니다. 작가님의 글을 읽고 사회 초년생으로서 궁금한 점이 생겨 질문을 드립니다.

저는 과거 3개월 정도 홍보대행사에서 인턴 근무를 했었지만, 거의 패션/뷰티 브랜드 담당이었고, 해당 브랜드의 온/오프라인 콘텐츠 제작이 주 업무였기에 현재 회사의 주력 사업인 '장비'에 대해서는 거의 문외한이나 다름없습니다. 그런 저에게 제 사수께서는 '홈페이지 업데이트 기획안 작성'이라는 업무를 주셨습니다.

B2C와 B2B의 성격이 다르다는 것을 알기에 'B2B 홈페이지'로 구글링을 하다가 작가님 글을 보게 되었고, B2B 마케팅 시리즈를 다 읽게 되었습니다. 다만 홈페이지 업데이트 방안과 연관 지어 생각하다 보니, 회사의 주력 상품인 '장비'라는 상품에 대입했을

때 어떻게 하면 효과적으로 홈페이지를 업데이트할 수 있을지 도 저히 마땅한 답이 떠오르지 않았습니다. 혼자 나름대로 이것저것 생각하고는 있지만, 뚜렷한 결론에 도달하지 못하고 계속 헤매고 있는 느낌입니다.

어떤 홈페이지가 '장비'를 주력 상품으로 하는 B2B 회사에게 효과적일까요?

저희 장비는 대부분 산업 단지 내 생산 공장에 납품되기에 회사 히스토리를 봤을 때 여태까지 이렇다 할 '마케팅' 활동이라 불릴 만한 것은 없어 보입니다. 영업 담당자들의 '영업'과 기존 고객의 '소개'로 대부분의 매출이 발생하기 때문입니다. 그렇다 보니 제가 마케팅 담당자로 입사는 했지만, 사수급의 마케팅 담당자가 없어 어디서부터 어떻게 시작해야 할지 막막합니다. 경력 있으신 B2B 마케터로서 이제 막 B2B 마케팅에 첫발을 내딛는 사회 초년 생에게 조언이나 피드백 주시면 감사하겠습니다.

위 사연은 브런치에 B2B 마케팅에 대한 글을 올리면서 메일로 받은 몇몇 문의 중 하나다. 위의 글처럼 작은 제조업 기반의 중소기업은 전담 마케팅 담당자가 없는 경우가 많고, 있더라도 직함만 마케팅이지 실제로는 영업활동을 메인으로 하는 사원들이 필요에 따라서 마케팅도 같이 하는 경우가 태반이다.

의뢰자의 말처럼 전통적인 장비 제조업의 회사는 영업과

기존 고객의 소개로 대부분의 매출이 발생하고, 실제로 마케팅이 절실히 필요한 경우는 드물다. 어느 업종, 어느 기업이건 간에 특히 오랫동안 그 분야에서 잘 견뎌온 기업이라면 하던 대로만 해도 상당 기간 문제없이 운영이 된다. 특히 B2B는 더 그렇다. 하지만 아무리 같은 산업이라도 시대가 흐름에 따라 변화의 물결은 B2C건 B2B건 가리지 않고 어느 순간 갑자기 들이닥치고, 기술혁신은 상상을 초월하는 수준에 이른다.

1998년부터 13년간 휴대전화 시장점유율 세계 1위를 차지했던 핀란드의 기업 'NOKIA'가 애플과 삼성에 자리를 내주고, 90년대 초반까지 세계 반도체 시장에서 독주하던 일본의 반도체 제조사 'ELPIDA'가 삼성과 TSMC에 밀려 역사 속으로 사라진 것처럼 영원한 기업은 없다. 일본의 유력 경제지인 〈일경 비즈니스〉는 1896년 이후 100년간 일본 100대 기업의 변천사를 연구했는데, 자국 기업의 평균 수명은 30년 정도라고 밝혔다. 대한상공회의소가 집계한 국내 1000대 기업의 평균 수명은 28년에 그친다고 한다. 한 세대를 넘기지 못한다는 뜻이다.

물론 이 기업들이 마케팅을 소홀히 해서 사라진 것은 절대 아니다. 자만하면서 시장의 변화를 따라가지 못했든, 기술혁신을 하지 못했든, 또는 소비자 행동을 예측하지 못했든, 몇 시간 긴 연설을 늘어놓는 경영학 교수님들의 강의를 굳이 듣지 않아도 우리는 '변화가 없는 기업은 지속 성장하지 못한다'는 걸 너무 잘 안다.

결국 장기적인 관점에서 지속성장하는 회사란 '무엇 하나를 매우 잘 하는 회사'보다는 '끊임없이 변화할 줄 아는 회사'다.

"가장 강하거나 가장 똑똑한 종이 아니라 변화에 가장 잘 적응하는 종이 생존한다"는 찰스 다윈의 말은 기업 생태계에도 똑같이 적용된다. 그런 관점에서 이 작은 장비 제조회사는 작은 변화의 큰 삽을 뜬 경우라고 볼 수 있다. 회사 내에 주니어 사원을 가르쳐 줄 사수는 없지만, 기회를 주고, 동기부여를 해 주고, 필요한 자원을 지원해 준다면 구성원들이 받아들이는 회사 내의 활기와 동력은 확실히 기존과 달라질 것이다.

결론적으로 나는 이분께 이런 답을 드렸다.

'장비 제조업의 정의에 너무 집착하지 말고 변화를 주어라'

장비 제조업이라고 해서 일반 B2B 홈페이지 특유의 일관된 스타일로 회장님 인사 말씀과 주요제품 소개, 위치, 역사 같은 따분한 스토리를 담으려 하지 말고, 패션 쇼핑몰에서 옷을 팔듯이 '실제 사진과 영상을 올려놓고 본인이 영업 사원이 돼서 장비를 홈페이지를 통해 팔아보겠다'든지 등의 역발상을 한 번쯤 시도해 보는 것이다. 참고로 중국 최대의 온라인 쇼핑몰인 알리바바에서는 오래전부터 1억 원이 넘는 건축용 중장비라든지, 제조 기계들도 심심찮게 온라인으로 거래되어 왔다.

여전히 대기업이 중소기업보다 우위에 있지만 그래도 중소기업이나 스타트업의 경쟁력인 '민첩함'과 '용기'는 대기업이 따라갈 수 없는 장점이다. 규모가 큰 대기업에서는 다양한 채널을 통해 들어오는 아이디어가 실시간으로 전달되지 못하고, 주기적으로 요약, 필터링 돼서 중간관리자를 거치는 수직 계층적 소통이 일색이다. 또한 홈페이지 업데이트를 위해서는 수많은 이해관계자들을 설득하고, 최소 3번 이상의 승인을 기다리는 꽉 막힌 시스템을 거쳐야 한다. 하지만 이와 반대로 중소기업과 스타트업은 이 과정에서 비교적 자유롭다. 담당자의 의지와 든든한 우군만 있다면 충분히 과감한 시도를 빠르게 펼쳐볼 수 있다. 실제 치즈 원료를 수입, 가공해서 제과회사에 납품하는 B 기업의 사례 역시 이런 점에서 주목할 만하다.

10년 전부터 치즈 원료를 수입, 가공해서 제과회사에 납품하는 B 기업 마케팅팀의 주 업무는 시장조사다. 국내시장에의 고객들 반응과 입맛 변화, 경쟁사의 제품들을 조사, 분석한 결과를 글로벌 본사에 전달해 새로운 치즈 상품 개발에 기여하는 역할이다. 엄밀히 말하면 탄탄한 공급처가 있고, 좋은 원료를 수입해서 적기에 잘 팔아야 하는 회사이기 때문에 우리가 생각하는 마케팅 본연의 업무와는 조금 다르다. 이런 회사에 새로 경력자로 온 마케터 박 과장은 하루하루가 따분하고 재미가 없다. 소위 명문 대학에서 경영학을 전공하고, 스카우트 되어서 왔는데, 막상 맡겨진 업무가 딱히 흥미롭지가 않았다. 그러던 어느 날 박 과장은 자신의 회사가 원료를 공급하는 제과점에서 빵을 먹다가 문득 이런 생각을 하게 된다.

'똑같은 우리 회사 치즈인데 빵에 넣으니 맛이 좀 다르네? 우리가 직접 우리 치즈를 넣은 빵을 개발하면 더 맛있게 잘 만들 수 있을 것 같은데?'

이 순간은 아르키메데스의 '유레카'를 외칠 때와 다름이 없다. 박 과장은 그날로 며칠 동안 본인의 생각을 정리해 회사에 혁신적인 제안을 했다.

"원료를 공급하는 업무에만 집착하지 말고, 제과회사와 함께 치즈가 들어간 제품을 만들어보는 것은 어떨까?"

우리가 먼저 제과회사에 제안을 하자는 것이다. 치즈 원료만 파는 회사의 강점은 누구보다 치즈에 대해서 잘 안다는 것이다. 그러니 원료 공급에만 그칠 게 아니라, 사람들이 좋아하는 '치즈가 들어간 빵'을 개발하고, 함께 공동마케팅을 해보자는 역제안이다. 어찌 보면 기존의 잘 갖춰진 시스템을 파괴하는 것이고, 모두가 싫어하는, 안 해도 될 일을 새롭게 만들어내는 불청객이지만, 박 과장의 제안은 대표에게는 매우 솔깃했다. 특히 회사의 입장에서 제과점에서 빵이 많이 팔리면 원료공급이 늘어나 회사의 매출에 영향을 주니 서로가 win-win하는 탄탄한 파트너십 구축까지 가능하다.

거래는 주고받는 것이다. 제과회사의 입장에서는 어찌 보면 본인들의 영역을 침범해서 '왜 너희들이 이런 것까지 하느냐?, 빵 개발은 우리가 전문이다'라고 거절할 수 있다. 하지만 이런 좋은 기회를 제과회사의 눈치를 보면서 접을 수는 없었다.

박 과장은 회사가 가지고 있는 리소스와 치즈의 역량에 주력했다. 본사인 프랑스에서 치즈 장인을 직접 데려오고, 주변 국가인 일본, 중국에서 가장 잘 팔리는 치즈를 공동개발해 마케팅까지 함께 하기로 양해각서를 받아내는 데 성공한다.

▎부딪힐 것 같으면 더 세게 밟아 나아가라! ⋮

　책 첫 장에 나는 '마케팅의 본질은 가치'라고 강조했다. 고객에게 어떤 가치를 줄 것인지는 단순히 좋은 상품과 서비스를 잘 알리는 것에서 벗어나 좋은 상품과 서비스를 만드는 것도 포함된다. 상품기획팀은 상품만 기획하고, 영업팀은 영업만 하고, 마케팅팀은 마케팅만 하는 회사의 한계는 분명하다. 또한 제조업이 제조업만 하고, 서비스업이 서비스업만 잘해서는 지속 성장할 수 없다.

　나심 탈레브는 『안티프래질』이라는 책을 통해 '안티프래질'의 개념을 설명했다. '깨지기 쉬운'이라는 뜻의 'Fragile'에 대항해서 만들어진 'Antifragile'은 '깨지지 않는'의 뜻이 아닌 '충격을 받으면 더욱 단단해지는'의 의미를 담고 있다. 고대 그리스 로마 신화에서 헤라클레스의 시련으로 만나게 되는 여러 괴물 중 '히드라'도 안티프래질의 성질을 담고 있다. 히드라는 목이 잘릴 때마다 그 자리에서 두 개의 목이 생성돼 더욱 강해진다.

　우리는 앞으로 너무나 크고 많은 변화를 만나게 될 것이다. 이때 무섭도록 빠른 변화에 좌절할 것이 아니라 익숙해지고 단단해져야 한다. '안티프래질'의 성질처럼 깨지기 쉬운 성질에서 더 단단해지는 근육을 만들어내야 하는 것이다.

업이 정해 놓은 정의에서 벗어나고, 직책이 정해 놓은 범위에서 벗어나는 곳에서 변화가 시작된다. 그리고 그 변화는 안에서부터 밖으로, 무엇보다 빠르면 빠를수록 좋다. 특히 B2B는 더욱 그렇다.

▌사람을 향해 함께 더 나은 미래를 꿈꾸자 ⋮

B2B는 B2C와 다르게 구체적인 타깃이 겨냥된다고 앞에서 언급한적이 있다. '타깃'이라는 용어의 어원은 '방패의 가장자리, 사냥에서 겨냥해야 할 둥근 물체'에서 온 것으로, 전쟁에서 주로 쓰이는 단어다.

전투 게임을 좋아한다면 우리가 목표로 삼아야 할 대상에 대부분 '타깃'이라고 씌여있는 걸 본적이 있을 것이다. B2B 마케팅에서도 이 단어는 빈번하게 사용되는데, 우리는 고객사들의 주요 결정권자들을 '타깃'이라고 지칭한다.

전투처럼 사냥해야 할 대상에 빗대어 이야기하지만, 곰곰이 생각하고 한번 더 들여다보면, 그 대상은 '타깃'이라는 무미건조한 대상이 아니라 유기적으로 움직이는 '사람'이나. 특히 B2B는 거래과정에서 더 많은 사람을 만나고, 오래도록 믿음과 신뢰가 바탕이 되어야 하는 사업이다. 또한 갑과 을, 공급자와 수요자가 아닌, 같이 손을 붙잡고 함께 성장해야 하는 파트너들이다. **적어도 B2B마케팅을 담당하는 마케터라면, 우리 파트너들에게 제품이나 기능이 아닌, '함께 만들어 가는 더 나은 미래'를 이야기해 줄 수 있어야 한다. 향하는 목표가 같다면, 함께 꿈꾸는 미래도 더 커지기 마련이다.**

디지털 격변의 시대 모든 것이 빠르게 변하고 있다. 하지만 B2B 비지니스의 궁극적인 본질인 '함께 만들어가는 더 나은 미래'는 절대 변하지 않는다.

입사하자마자 B2B 마케터가 됐습니다

초판 1쇄 인쇄 2023년 3월 17일
초판 1쇄 발행 2023년 4월 3일

지은이 남정현

기획 이유림
편집 정아영
마케팅 총괄 임동건
마케팅 안보라
경영지원 임정혁, 이순미

펴낸이 최익성
펴낸곳 플랜비디자인

디자인 박규리

출판등록 제2016-000001호
주소 경기도 화성시 영천동 283-1 A동 3210호

전화 031-8050-0508
팩스 02-2179-8994
이메일 planbdesigncompany@gmail.com

ISBN 979-11-6832-047-5(03320)